행복은 이미 당신입니다

행복은 이미 당신입니다

김두성 수필집

수필과비평사

■ 작가의 말

90년대 초부터 글을 쓰기 시작한 이래, 한두 편씩 써온 글들을 모아 6년 전인 2011년, 첫 번째 수필집 '나의 작은 행복'을 발간하였다. 그 이후 해마다 쓴 서 너 편의 글들이 이제 한권 정도의 분량이 되어 두 번째 수필집 '행복은 이미 당신입니다'를 내놓는다.

이번 수필집도 제목에 행복이라는 용어가 들어가게 되었는데, 그것은 행복이라는 주제가 나의 삶에 있어서 자아실현이란 주제와 함께, 관심과 탐구의 주요 대상이 되어 왔기 때문인 것 같다.

행복이라는 개념은 고대부터 철학자들과 문호들의 관심사였으며,

학문적으로 고대 동양 철학과 현대 심리학에 그 뿌리를 두고 있어, 그 개념이 친숙하게 다가오는 것 같다.

어떻게 하면 나 자신을 포함해서 공동체나 사회의 모든 사람들이 좀 더 행복한 삶을 살 수 있을까? 나 자신을 찾아가는 여행, 행복을 찾아가는 여정, 그리고 행복에 있어서 경험의 중요성, 여행의 중요성을 이해하고 실천하는 것이 필요하다고 생각된다. 행복은 돈과 소유물보다는 의미와 경험을 중시하며, 즐거움과 몰입, 감사와 배려, 헌신과 봉사, 용서와 사랑 등 긍정 정서를 실천하는 데 있다.

그리고 행복은 무한한 것이다. 행복은 나누고 또 나누어 주어도 줄어들지 않는다. 그래서 행복은 윈 윈 게임이다. 행복혁명은 마음혁명이다. 궁극적으로 우리 내부에서 일어나는 것이다. 지금 이 순간을 가장 소중하게 생각하고, 매일 긍정적 감정을 경험하는 것이다. 그러면 당연히 행복해진다.

아직 행복과 삶의 보람의 진수를 완전히 터득하였다고 단정할 수는 없지만, 그동안 삶의 보람과 행복의 의미를 터득하고 경험하려고 매진해오며, 행복한 사고와 행동을 실천하려고 무던히 노력하였던 것만은 사실이다.

이런 의미에서 일상생활에서, 여행에서, 명상에서, 의미를 발견하고 즐거움을 경험하고, 자아실현을 위한 생활을 영위하는 과정들을 글로 써 온 것을 또다시 한권의 책으로 엮게 되었다.

독자께서 보시기에는 아직도 이 책에 부족한 내용과 표현들이 많으리라 생각된다. 넓은 아량으로 용서와 이해를 구한다. 부디, 독자 제현의 행복과 삶의 보람에 조금이라도 누가 되지 않게 되기를 바라는 마음 간절하다.

이번 출간을 계기로, 앞으로도 행복한 인간으로서, 참 인간이 되려는 이상과 목표를 향해 한발 한발 정진해나가는 여정을 계속 글로 표현해 보고자 다짐한다. 이것이 나의 자아실현을 이루는 길이라고 생각하기 때문이다.

끝으로 오늘도 변함없이 내 곁을 지켜주는 아내, 이제 어엿한 성인으로 자란 재용이와 정현이, 이 시간에도 하늘나라에서 굽어보고 계실 부모님, 그리고 행복을 추구하는 이 세상의 모든 분들께 이 책을 바치고자 한다.

2017년 가을

김두성

■ 차례

제2부

행복은 이미 당신입니다

제3부

보고, 듣고, 느끼며, 생각하며

1부

솔바람길

솔바람길에서

주말 오전이면 내가 항상 가는 곳이 있다.

요천수 건너 덕음산 기슭의 '솔바람길'이다.

솔바람길은 관광단지 안의 놀이시설 부근에서 시작되어 항공우주천문대 입구 부근까지 약 1,200미터의 나무데크 길이다.

이 길에 들어서면 '솔바람길'이란 이름이 의미하듯이, 솔향기가 은은한 소나무 숲길이다. 더군다나 길 전체가 나무데크로 조성되어 있어, 안심하고 다녀도 좋은 산책길이다.

다른 산책로가 많은데도 솔바람길을 자주 찾는 것은 소나무를 좋아하기 때문이다. 그 소나무의 올곧은 향기를 내게 전해주는 바람이 있기 때문이다.

'덕음산 솔바람길'이라고 쓰인 입구 이정표를 통과하여 계단길을 이삼 분 오르면, 양쪽으로 갈림길이 있다. 왼쪽은 100미터 정도의 나무데크 길이 나 있고, 그 길 끝부분에 이르면 극락암 쪽으로 내려가는 길이 있다. 아래를 내려다보면, 나무들 사이로 놀이시설들이 보이고, 리듬에 맞추어 놀이를 유도하는 경쾌한 음악이 흥겹기까지 하다.

그 길 끝에 있는 전망데크를 돌아 처음 갈림길로 와서, 다시 반대쪽 방향으로 가면, 1,000미터 정도의 오르막길과 내리막길, 평탄한 길이 연속적으로 이어진다.

소나무 외에도 아카시아나무, 상수리나무, 밤나무가 저마다의 자태로 우거져 있고, 주위 계곡에는 고비 등 양치류들이 많이 서식하고 있다.

덕음산솔바람길은 내 마음의 산책길이기도 하다.

내 안의 또 다른 나를 꺼내어 돌아보기도 하고, 장수 수분재에서 시작되어 남원 곡성 구례를 거쳐 끝내는 남해에 이르는 요천수를 내려다보며 사람살이의 굴곡을 음미해 보기도 한다.

완당 김정희의 '세한도'를 떠올려보는 것도 솔바람길이 내게 준 또 하나의 소일거리다.

몇 해전 겨울에 솔바람길을 걷다가 다른 나무들은 모두 잎을 떨구었는데, 홀로 푸른 잎을 간직하고 있는 소나무를 보자 문득 추사

김정희의 세한도가 뇌리를 스쳐갔다.

집으로 돌아와 몇 가지 자료를 뒤적여 세한도가 가지고 있는 의미를 되새겨 보았다.

세한도는 역관이었던 제자 이상적의 변함없는 신의에 보답하기 위하여 유배지 제주도에서 일필휘지로 소나무 네 그루를 그린 그림이다.

추사가 잘 나가고 있을 때에나 유배를 당한 어려운 시절에도 변함없는 제자에게 '그대가 나를 대함에, 귀양 오기 전이라고 해서 더 잘한 것도 없지만, 귀양 온 뒤라고 해서 더 못한 것도 없네. 허나 귀양 오기 전의 그대는 특별히 일컬을 것이 없다 하더라도, 귀양 온 이후의 그대는 또한 성인에게 일컬음을 받을 만한 것이 아니겠는가?' 라고 하는 내용의 발문을 그림 끝에 붙여 놓을만큼 제자의 변함없는 의리를 높이 샀음이 분명하다.

어디 그 뿐이겠는가?

필요에 따라 손익을 따지고 시시각각 변하는 인심에 보내는 경고의 의미도 담고 있다고 보아야 할 것이다.

그러기에 솔바람길에서 만난 '세한도'는 내게 많은 교훈을 안겨준다. 더구나 30년 넘게 교단에서 살아온 내게는 새삼 제자로서의 나와 스승으로서의 내 삶을 반추하게 만든다.

솔바람길은 4계절 모두가 아름다운 길이다.

봄에는 연하고 푸릇푸릇한 신록들이 추운 겨울을 이겨낸 기상을 자랑이라도 하듯이 뽐을 낸다. 봄 산이 거느린 산벚꽃과 샛노란 개나리가 발걸음을 멈추게 하고 봄바람에 솔향기 은은히 풍겨와 상쾌함을 더해 준다.

여름에는 녹음이 우거지고 바람이 종종 불어와 뜨거운 햇빛과 습기를 막아주니, 시원함에 쾌적함이 그만이다. 봄에 나왔던 상사화 잎들이 말라가는 대신, 연홍색의 꽃들이 피어난다. 잎이 있을 때는 꽃이 없고, 꽃이 필 때는 잎이 없어, 잎과 꽃이 서로를 그리워한다 하여 상사화(相思花)라고 한단다.

상사화 곁을 지나갈 때면 한번 이별 후에 평생을 서로 그리워만 하다가 끝내는 만나지 못했다는 어느 연인의 애달픈 사랑이야기가 떠오르기도 한다.

가을에는 키 큰 소나무들을 칭칭 감아 올라간 담쟁이넝쿨과, 나무데크 길 위에 쌓여가는 갈잎, 가랑잎 등의 낙엽들과 열매껍질들을 보고 걷노라면, 가슴이 벅차 오른다.

겨울에는 계곡을 타고 불어오는 차가운 바람으로 제법 냉랭한 기운이 감돌고 몸이 움츠려 들기도 하지만, 두꺼운 옷으로 중무장하고 걷다보면, 주위가 온통 하얀 눈으로 덮인 겨울의 운치를 그대로 느끼기도 한다. 게다가 여러 종류의 낙엽들이 뒤덮인 길 위에 수북이 쌓인 눈을 밟고 걷노라면, 더욱 포근함을 느끼게 된다.

나무데크 위를 낙엽이 덮고, 낙엽 위를 눈이 덮어 포근한 솔바람 길 위에 서서 세한도를 머리 속에 그려보고, 상사화가 가진 사랑이야기를 되새겨도 보다 보면 내가 갑자기 부자라도 된 기분이 든다.

'솔바람길'은 숲속의 소나무들이 만들어 내는 천연의 피톤치드다. 한 주간의 지친 몸과 마음을 재충전하는 데 나는 이 '솔바람길'을 애용한다.

솔바람길은 내게 보행명상의 길이기도 하다. 편한 마음으로 단전 호흡과 명상을 하며 이 길을 걷는다. 가파르지 않고 위험하지 않으니, 나의 보행명상의 길로 그만이다.

"지금 이 순간! 더 필요한 것은 없다."

온 몸을 이완하고 호흡에만 집중한다. 나의 생각, 감정, 오감을 모두 내려놓고, 나의 존재만 확인한다.

순수한 나를 느껴본다.

"나는 늘 존재하고 있다. 내 안에서 빛나고 있는 지혜, 행복, 평화, 자유……"

어느덧, 처음의 갈림길까지 되돌아와, '솔바람길' 입구의 계단 길을 내려온다.

조금 더 이 길을 걷고 싶다.

삼십 분 정도 더 걷고 싶다.

덕음산 능선 가까이로 500미터 정도 연장하여 순환하는 길을 내면 더욱 좋겠다.

덕음산에 솔바람길이 있음에 감사하고 행복하다.

어느 주말 오후

하루에 한 시간씩 운동하는 것보다도 일주일에 한 번씩 산에 오르는 것이 건강에 더 좋다는 말이 있다.

내가 바쁜 일상을 쪼개어 가끔 산을 찾아가는 것은 꼭 건강을 위해서라기보다 산이 무조건 좋기 때문이다.

건강을 목적으로만 산을 찾는다면 얼마나 궁색한 산행인가.

산의 나무 한그루, 산의 풀 한 포기, 산의 꽃 한 송이가 좋아서 산을 찾아간다.

산에 올라 나무와 풀, 꽃을 만나 이런 저런 대화를 나누다 보면 나 자신이 한없이 너그러워진다.

오르는 길을 가로막는 못 생긴 바위까지도 사랑스러워진다.

내 산행은 정상에 오르는 것이 목적이 아니다.

산이 보고 싶으면 산을 찾아간다.

그 주말의 그 산행도 그랬다.

"우리 산에나 갈까?"

느닷없는 내 제안에 아내가 어느 산으로 갈 거냐? 고 묻지도 않고 등산복을 챙겨 입는다. '

산이 보고 싶다는 마음 하나로 차를 몰고 시내를 벗어났다. 사거리 신호등 아래서 어디로 갈까? 잠시 궁리하다가 방향을 지리산 육모정 쪽으로 잡았다.

마침 점심때라 주천 장안리 소재 한 채식집에 들렀다. 최근에 개업한 집이라 그런지 깨끗하고 단아한 분위기였다. 다양한 채소와 과일들, 각종 나물 등 향토음식이 제법 갖추어져 있어 입맛을 돋우었다.

음식점을 잘만 운영하면 손님들이 꽤 오겠구나 하는 생각이 들었다. 마침 남자 사장님이 '남원시 문화예술의 거리(예가람길) 위원'으로 함께 활동하는 중이라, 더욱 반가웠다.

주인이 풍기는 넉넉함과 따뜻한 정까지 배에 채우고 다시 차에 올랐다.

육모정 계곡을 지나 고기리로 가는 골짜기마다에는 나무들마다 제각기 다른 모습의 단풍들이 저마다 지닌 색깔을 내뿜으며 그 찬란함을 뽐내고 있었다.

지리산의 단풍은 예쁘다거나 곱다기보다는 웅장하다.

단풍으로 유명한 산을 찾아가 보면 대부분이 붉은색 일색이라 순간적으로 현란하구나, 하는 느낌만 있을 뿐, 웅장하다는 생각은 들지 않는다. 지리산단풍은 빨주노초파남보의 무지개 색깔이 조화롭다.

붉은색의 한 가지색 단풍이 잠시만 바라보아도 지루하다는 느낌이라면 지리산단풍은 보면 볼수록 더 보고 싶어진다. 시내에서 벗어나 차로 20여분만 달려도 지리산 단풍을 만날 수 있는 남원은 참 얼마나 좋은 도시인가?

지리산 단풍 앞에서 잠시 행복해 하다가 차를 몰고 올라가면 고기리가 나온다. 육모정으로 들어서고 나면 그냥 깊은 산속일 것 같은데, 한참을 오르고 나면 사람사는 마을이 나온다. 올려다보면 산인데, 내려다보면 마을이 있고, 논밭이 있다.

고기리에는 지리산을 찾아갈 때면 종종 들르던 산채비빔밥으로 등산객의 입맛을 돋우던 '에덴식당' 있다. 지리산에서 채취한 열 가지가 넘는 산채에 고추장과 참기름을 넣어 비벼먹는 산채비빔밥을 먹다보면 지리산이 내 입안으로 들어와 내 배를 채우는 느낌이 좋았다.

내려오는 길에 저녁이나 먹고 갈까, 하고 돌아보니, 어쩐지 휑한 느낌이다.

잠시 차를 멈추고 지나가는 주민에게 물었다.

"저 식당, 오늘은 쉬는 모양이지요?"

"오늘만 쉬는 것이 아니라, 진작부터 쉬었는디요."

"문을 닫았는가요?"

"닫았구만요. 주인 할매가 나이가 들어 나물 캐러 다니기도 힘에 벅차고 손님치닥거리를 못허겄응께, 헐 수 없이 닫고 말았제요. 할매는 자석들이라도 물려받아 식당문을 열었으면 바랬지만 큰 도시에서 잘 살고 있는 자석들이 이 촌구석에 들어와 살고 싶겄어요? 할매가 손맛이 참 야물딱졌었는디요이."

우리 부부보다 주민이 더 아쉬워하는 눈치였다.

고기리를 지나 꾸불꾸불한 산림도로를 한참 올라가다 보니 어느새 정령치 정상에 도착하였다.

'정령치'라는 지명은 기원전 84년에, 마한의 왕이 진한과 변한의 침략을 막기 위해 정씨 성을 가진 장군으로 하여금 성을 쌓고 지키게 하였다는 데서 유래되었단다. 산 밑을 내려다보면 발아래 보일 듯 말 듯 굽어보이는 절경이 장엄하기 그지없고 이날처럼 구름이 낀 날에는 선경이 연상되어, 내 자신이 신선이 된 기분이었다.

"당신, 저 쪽을 등지고 서 봐요. 색동옷을 입은 지리산 봉우리들이 참 곱네."

단풍에 취한 아내가 내 말대로 카메라 렌즈를 향해 선다.

찰칵 셔터를 누르면 아내가 지리산 단풍과 함께 카메라 안으로 들어온다.

"나도 한 컷 찍어줘."

아내가 렌즈를 내 쪽으로 향하고 셔터를 누르면 지리산단풍과 함께 내가 카메라 안으로 들어간다.

지리산봉우리마다 제각기 다른 단풍을 담기 위하여 카메라 셔터를 몇 번씩 눌러대며 연이어 이어지게 풍광을 담았다.

그렇게 카메라 셔터를 누르다 보니 백두대간 안내판이 카메라 속으로 들어왔다.

백두대간은 백두산을 뿌리로 하여 남으로 지리산까지 뻗어 이어지면서 1정간 13정맥을 비롯하여 한반도의 모든 산줄기를 연결하는 동시에, 북으로는 대륙으로 힘차게 뻗어가고 있어 우리 한민족의 기상을 담고 있는 곳이다. 이 백두대간은 민족의 상징, 문화적 특성을 구획하는 울타리, 생태계 중심축으로 우리가 잘 지키고 보존하여 후손들에게 물려주어야 하는 위대한 자연문화유산이다.

다시 차로 전남과의 경계인 도계 삼거리를 지나 성삼재 방면으로 가다가, 반야봉을 배경으로 기념사진을 몇 컷 담은 후, 달궁 쪽으로 방향을 틀어 내려왔다.

예전에 후백제의 왕궁이었다고 전해오는 달궁 계곡의 정취도 다른 곳에 못지않음을 느끼던 차에 뱀사골에 당도하였다. 이 구간들에 산악철도를 개설하면, 크게 환경을 해치지 않고도 관광 개발 사업이 가능할 것 같았다.

국립공단 지리산 북부관리소 주차장에 차를 세우고, 뱀사골 아래 계곡 길로 접어들었다. 바닥 모래알도 선명히 보이고 피리미가 헤엄을 치는 투명한 물속에 단풍이 알록달록 아른거리고 있었다.

산에 단풍이 드니 물속에도 단풍이 들었다.

아내가 나를 바라보았다면 내 눈 안에도 단풍이 예뻤으리라.

문득 말없이 걷고 있는 아내한테 '내 눈에 단풍이 어때?'하고 묻고 싶은 걸 꾹 참았다.

산의 단풍 한번 올려다보고, 물의 단풍 한번 내려다보며 계곡 길을 따라 걸어 올라갔다.

와운 마을과 세석평전의 갈림길에서 중학교 동창 내외와 마주쳤다.

아침 일찍 세석평전에 갔다가 이제 하산하는 길이란다. 지난 번 동창회 모임 때 동창들 내외지간들이 함께 남해안을 동행하여 다녀왔는데, 오늘 이곳에서 마주치니 더욱 반가웠다.

동창내외와 못내 헤어짐의 섭섭함을 남긴 채, 어느덧 와운 마을에 도착한 것은 국립공단 주차장을 출발한 지 한 시간 반 정도 지난 오후 세 시경이었다. 예전에 몇 번 들렀을 때에는 그냥 스쳐 보아왔던 할머니 할아버지 천년송을 오늘따라 유심히 살펴보았다. 천 년의 기운을 간직한 저 소나무의 기상과 자태를 배우려는 마음으로……. 이 주위에 천지 기운을 받을 수 있는 '기받이' 장소가 어디 없을까 하는 생각이 들었다.

마을 안에 며칠 정도 꼭 묵고 가고 싶은 마음이 내키는 별장 한 채가 그림처럼 앉아있는 모습이 눈에 들어왔다.

"여보, 내년에는 미리 예약하고 저 집에서 며칠 묵읍시다."

내 입에서 무심코 그런 소리가 나왔다.

아내는 말없이 웃으면서 내 말에 수긍한다.

구름이 누워있다는 뜻을 지닌 와운은 언제 와 보아도 참 기분 좋은 마을이다. 이날은 단풍이 온 시야에 들어와 운치가 있어 더욱 행복해 진다. 단풍으로 둘러싸인 늦가을 정취에 흠뻑 빠져 한참을 있다가, 계곡 길로 올라 올 때와는 달리, 내려올 때는 산림도로를 터벅거리며 걸었다.

주차장에 도착하니 오후 다섯 시가 조금 넘어 주위에 차츰 어둠이 드리워지기 시작하였다. 차에 몸을 실은 채 산내면, 인월면을 거쳐 운봉읍의 바래봉아래 지리산 허브단지에서 잠시 멈추었다. 허브단지는 과거 수 년 동안 수백억의 돈을 투자하였는데. 아직 생산성과 채산성이 맞지 않는다고 야단들이다.

최근에 들어서는 허브단지의 효율성을 높이려고 각종 아이디어를 동원하고 있다. 가족 힐링캠프를 실시하고 각종 허브체험을 하고 있으며, 허브 화장품을 개발하기 위한 화장품 집적화 단지를 조성하고, 허브복합토피아관을 마련하여 상설 운영할 계획이란다,

우리 남원에서 멀지 않은 진안 마이산 부근에 '홍삼스파'가 있다. 지금까지 세 번을 다녀왔는데, 풀장과 홍삼 진흙팩, 홍삼비누거품의 버블욕실, 밀집실, 아로마욕실, 흰차돌과 검은 조약돌을 섞은 자갈실 등, 몇 개의 특화된 욕실을 마련하고, 운영을 효율적으로 하는 결과 상당한 성과를 올리고 있다.

우리 남원지역에서도 이와 견줄 만한 일명 '허브 스파'를 건립하여 운영하여 봄직도 하다. 허브류 뿐만 아니라 황토, 맥반석, 진흙, 더덕, 오미자 등 특산물을 활용할 수도 있을 것이다. 여기에다 정규

수영장 시설을 갖춘다면 더욱 많은 수익 창출과 주민의 복지와 건강에도 보탬이 되리라 믿는다. 아울러 남원의 특산물들과 허브 관련 음식점들과 숙박시설들을 곁들이면 더욱 시너지효과가 있을 것이다.

비단 뱀사골이나 바래봉, 노고단 등의 지리산 등산객 뿐 아니라 남원지역을 찾는 관광객, 한걸음 나아가 남원지역과 인근 지역의 주민도 이용할 수 있도록 주천면과 이백면 중간 부근에 개발하면 활용도가 배가 되지 않을까, 하는 생각이 든다. 관광객과 등산객을 동원하는 상업성도 있고, 지역민의 건강과 복지 증진에도 상당한 영향을 끼치리라 믿는다.

날이 완전히 저물어서 운봉 연재를 내려오니, 「남원은 사랑이다」라는 시상이 떠올랐다.

> 마고의 산 지리산 정기 받아
> 춘향의 정절, 흥부의 우애, 강쇠의 정열, 만인의사의 충절, 주열의 절의
> 아! 남원은 사랑이다.
> 이 사랑, 천년만년 천리만리 이어지리.

모처럼 야외 나들이를 즐기고 시내로 돌아오는 우리 내외에게는 남원의 음식, 추어탕이 반기고 있었다

은사님을 그리며

찜통더위가 시작되던 지난여름, 중등교원이면서 교수 신분을 겸하는 나는 하계세미나에 참석하기 위하여 부안을 찾게 되었다.

부안읍을 지나 내변산 입구에 도착하여 차를 주차시키고 산 능선을 향해 걸어 올라갔다.

두 달 남짓의 여름 가뭄으로 개울은 바짝 말라있었고, 이끼까지 말라붙은 돌들이 물을 먹고 싶은 듯 아우성이다. 개울을 따라 오르니 곳곳에 조금씩 고여 있는 물이 썩어가고 있다.

그 계곡의 물길을 따라 물이 흘러갔을 시간들을 떠올려 보아도 마른 계곡은 마음까지 척박하게 만드는 듯하다.

오솔길을 따라 산정에 올라 숨도 고를 겸 잠시 멈추어서 산 아래 능선을 바라보았다.

문득 산중턱의 그럴듯한 곳에 자리 잡고 있는 묘소 하나가 내 눈에 들어온다. 주인이 누군지도 모를 묘소를 보며 몇 해 전 타계하신, 존경하는 은사님이 그리워졌다.

중학교 은사님이셨던 선생님과 감사하게도 같은 학교에 근무하게 되었다. 자주 불러 나의 부족한 점들을 충고해 주시고, 작은 일이나마 잘한 점은 칭찬해 주시며 남다른 애정과 관심을 보여주셨다.

퇴직이 가까워 진 은사님께서는 기회 있을 때마다 "두성아! 대성하여라, 대성해야지." 하고 말씀하셨다.

교단을 떠나시던 날, 댁까지 모시던 차안에서도 같은 말씀을 하셨다. 은사님의 "대성하라"는 말씀은 어떤 의미일까? 직장사회에서 크게 되라는 말씀일까? 문단을 통해 훌륭한 작품을 남기라는 뜻일까? 더 노력하여 뭔가 큰 뜻을 펼쳐보라는 말씀일까?

몇 년 후, 이 세상을 하직하시고 저 세상으로 가시던 출상의 그날, 운구차에 은사님의 영정이 오르는 그 순간에도, 여러모로 부족한 제자를 내려다보시며 간절한 눈빛으로 "두성아! 꼭 대성하여라." 하고 또 다시 말씀하시는 듯 느꼈었다.

그런 일들이 계기가 되어 예전에 국어과 담당선생님이셨던 은사님처럼 문학에 관심을 갖게 되었는지 모른다. 그리고 이제는 만학의 열정을 태우는 제자들과 이곳 내변산까지 오게 된지도 모른다.

생전, 은사님과도 말씀을 나눈 적이 있던 영혼의 존재를 나는 믿는다.

은사님의 영혼이 살아 계심도 믿는다.

기독교인은 아니지만, 예수가 부활한 것을 믿고, 불교인은 아니지만 누구나 부처가 될 수 있다는 석가의 가르침도 믿는다.

원래가 인간의 본체는 육체가 아니라 영혼이라 하지 않던가, 육체는 영혼이 잠시 머무는 거처일지도 모른다.

그렇다면, 과거의 모든 영혼들은 지금도 살아있지 않을까?

이 영혼들과 대화를 나누고 싶다.

가능하면 벗으로 사귀고 싶다.

현재의 영혼과 미래의 영혼과도 교류하며 살고 싶다.

저 골짜기의 조그만 돌 하나에도, 저 산마루에 피어있는 꽃 한 송이에도, 이 내변산 어느 한 곳, 영혼이 깃들지 않은 곳이 없으리라.

저 텅빈 공간까지도, 이러한 대자연의 영혼들과 벗하면서 살고 싶다.

하늘과 봉우리와 능선, 골짜기들의 조화, 그 안에서 살아가고 죽어가는 생물들, 날으는 새들의 지저귐과 산정의 고요함, 완만한 봉우리와 깎아지를 듯한 절벽, 완만히 흐르는 골짜기의 물과 급히 떨어지는 폭포수. 하나가 된 공간 속에 생과 사, 유와 무, 정과 동, 완과 급의 조화가 바로 이 내변산에 그대로 펼쳐지고 있다.

산다는 게 무엇일까?

나는 어떠한 삶을 살 것인가, 이러한 대자연의 섭리에 동화하고 조화를 이루어 가는 것이야말로 진정한 삶의 의미가 아닐까?

삶, 이 얼마나 어려운 일인가?

어느 누가 쉽게 이룰 수 있단 말인가? 그러나 이러한 삶을 일구어 내는 일이 전혀 불가능하진 않을 것이다. 성현의 말씀대로 인간은 소우주이고, 부처이고, 진아(眞我)이기에, 깊은 명상과 사색을 통하여, 끝없는 수행과 노력 끝에, 유익한 모든 것들이 한꺼번에 몰려오리라.

자연과의 동화를 이루어 낼 것이다.

자연과의 조화를 이루어 낼 것이다.

내가 자연이고 자연이 곧 나인 상태를 체득할 것이다.

머리 위 하늘과 발아래 땅으로부터 모든 도움을 얻고, 영원한 벗들과 함께 삶을 영위해나가고 싶다.

주인도 모를 한 기의 묘소를 보며 은사님을 떠올리다가 내가 어느덧 명상에 젖어들었나 보다.

세미나 시간에 맞추기 위해, 하산하는 동안, 몸은 나는 듯 가벼웠고, 머릿속에는 은사님이 즐겨 애송하셨던 윌리엄 블레이크의 시구절로 가득 찬다.

> 한 알의 모래 속에서 세계를 보며
> 한 송이 풀꽃에서 천국을 본다.
> 그대의 손바닥에 무한을 담고
> 한 순간 속에서 영혼을 본다.

어머님!

어머님! 어머님께서 자나 깨나 마음을 두시고 심혈을 기울여 키워주신 큰아들 두성이가 처와 자녀들과 함께 어머니 영전에 섰습니다.

어머님! 그동안 쏟아주신 정성과 사랑을 어렴풋이 느껴오긴 했지만, 돌아가신 이 마당에서야 더욱 사무쳐 옵니다.

48일전 이른 아침 7시 10분, 한동안 멍한 상태로 넋을 놓고야 말았습니다. 믿기지 않는 사실 앞에 그저 망연자실하였습니다. 그동안 뵈어왔던 모습과 말씀들, 이젠 더 이상 볼 수 없고 들을 수 없는 먼 곳의 이야기가 되어버렸습니다. 항상 남들 앞에서 마음의 버팀

목이 되어주셨는데, 이제 어떻게 지탱해 나갈지 모르겠습니다.

지난 번 추석 때, 우리 가족들은 어머님 사진을 보면서 제를 지냈습니다. 우리 가족에게 어머님께서는 너무 소중하였고, 우리 가족에게 지극한 정성을 쏟아왔기 때문에 더욱 더 가슴 아팠습니다. 그리고 자식을 위해 희생 봉사해 하셨던 어머님을 생각할 때면 저희는 행복했습니다. 어머님만큼 가정을 아끼신 분은 없다고 생각했습니다. 그렇게도 오래 사시기를 바랐던 어머님이 이렇게 가시다니 모든 것이 허무할 뿐입니다. 훌륭한 가정을 만들기 위해 최선을 다하셨던 어머님에게 저희가 잘 해드린 게 별로 없는 것 같아, 또한 한스럽습니다.

40여일 전, 이모들과 외삼촌들께서 어머님의 부음을 받고 달려와 하신 말씀들이 생각납니다. 다섯 명의 시누이 틈 속에서, 새벽부터 밤늦게까지, 이런 저런 시집살이를 하셨던, 어머님의 모습을 상기하는 이모님들의 말씀을 전해 듣고, 얼마나 힘드신 시집살이를 하셨는지 새삼 느꼈습니다. 아울러, 평소 어머님께서 극진히도 큰자식 생각을 많이 하셨다던 이모님들과 외삼촌들의 말씀을 듣고, 새삼 지나온 날들이 주마등처럼 떠올라, 울컥 쏟아지는 울음을 어찌할 수 없었습니다.

같은 아파트, 같은 통로에 살적에, 날마다 아들 차가 밤늦게까지도 집 앞 주차장에 주차되지 않은 것을 보시고, 밤잠을 못 이루셨다던 어머님..... 7년이 넘게 대상포진, 간경화, 간암 등의 질환으로 고

생하시면서 정신력으로 버티어 오시다가, 끝내는 말씀도 제대로 못하시던 어머님! 그런 와중에서도 손주 녀석, 등록금 걱정을 해주셨다는 말씀을 전해 듣고, 어머님의 지극한 사랑과 관심, 새삼 다시 느꼈습니다.

어디 이러한 정성과 사랑이 한 두 가지뿐이겠습니까?

어디 이러한 어머님의 정성과 사랑을 저희가 만 분지 일이라도 보답할 수 있겠습니까?

어머님의 관심과 애정, 저희들 몸과 마음, 여기저기에 깊숙이 묻어나고 있습니다.

어머님! 처음에 이글을 쓰다가, 한참동안 쏟아지는 눈물로, 쓰던 종이가 뒤범벅이 되어 다시 썼습니다.

한마디로 저희는 어머님의 사랑의 결정체입니다. 평소 유난히도 못난 이 자식을 사랑해 주셨던 어머님! 기대에 미치지 못하고, 잘못하였을 때 "내가 어떻게 키워왔는데 이 모양이냐?"하고 한탄하시던 말씀이 종종 생각났습니다. 그럴 때 마다 나름대로 마음속으로 분발하려고 무던히 발버둥 쳤습니다.

어머님, 아시죠?

어머님! 비록 76년간의 비교적 짧은 인생을 사셨지만, 어머님을 통해 많은 것을 배웠습니다. 깨끗하고, 정직하고, 남을 위해 헌신하고 가족을 위해 희생봉사 하셨던 어머님에게 최고의 사랑을 보내면서, 어머님께서 저희와 같이 항상 함께 하셨다는 사실에 큰 자부심을 느낍니다.

어머님! 앞으로 더욱 열심히 살겠습니다. 못다 사신 어머님 몫까지 더욱 열심히 살겠습니다.

주위 사람, 나아가 세상 사람들로부터 더욱 인정받는 사람이 되겠습니다. 더욱 사회에 유익한 사람이 되겠습니다.

자랑스러운 어머님의 자식이 되겠습니다.

부디 부디 편히 천국의 하늘나라에서 모든 근심 걱정 벗어버리시고, 저희 내외, 손주, 손녀 잘 살아가는 모습, 자랑스럽게 되어가는 모습, 즐거운 마음으로 굽어보시기 바랍니다.

어머님! 사랑합니다.

어머님! 저희들, 항상 어머님과 함께 하겠습니다.

어머님의 큰 아들, 두성이가 이 글을 올립니다.

보행 명상

지금까지 살아오는 동안 내 뇌리를 꽉 채우고 있는 몇 가지 화두가 있다.

'어떤 삶이 의미 있는 삶인가?'

'어떤 삶을 살아야 할 것인가?'

'삶을 잘 영위하려면 근본적으로 해결해야 할 것은 무엇인가?'

'장래 꿈과 비전의 실현을 위해 필요한 원동력은 무엇인가?'에 대한 것이었다.

그래서 꾸준히 관심을 가지고 고뇌하는 동안, 부각된 주제는 '호흡'과 '명상', 그리고 '몰입'이었다.

그 중에서도 '호흡'이 가장 기본이 되는 주제가 아닌가 싶다.

호흡은 '숨을 내쉬거나 들이쉬는 것으로, 에너지를 생성하기 위해 몸 밖에서 산소를 흡입하여 몸 안의 물질을 산화하고, 그 결과로 생긴 이산화탄소를 배출하는 작용과 그 과정'이다.

우리의 인체 세포가 먹고 사는 것이 산소와 포도당인데, 그 운반책이 바로 호흡으로서 몇 분만 멈추어도 생사가 좌우되는 생명과 직결되는 것이다.

그동안 틈틈이 탐색해 온 바에 의하면, 옛 선각자들, 부처, 예수, 마호메트 등 성인들의 깨달음은 호흡에서 비롯되었다고 한다.

이렇듯 호흡은 깨달음까지 연결되는 중요한 것이다.

그러면 어떻게 호흡을 해야 건강은 물론 성인의 경지까지 이를 수 있을까?

한마디로 호흡의 요체는 자연스러우면서도 가늘고, 길게, 깊게, 그리고 천천히, 고르게 해야 한다는 것이다. 들이키는 숨은 코에서 공기를 빨아들이는 것이 아니라, 밖에서 공기가 자연스럽게 갈비뼈를 지나 단전 아래로 밀려들어와야 한다.

숨을 마음껏 들이킬 수 있도록 갈비뼈 아래를 크게 벌려주어 단전 아래까지 깊숙이 넣어주어야 한다. 이렇게 하려면 가스, 지방질 등 복부에 있는 이물질을 제거해 주어야 한다. 복부가 이완되면 복압이 떨어져 횡격막이 아래로 내려간다.

그런데 생각이 많아지고 스트레스를 많이 받으면 배 근육들이 굳어져서 장기들이 위로 올라붙게 되고, 횡격막이 내려가지 못하여 산소공급을 많이 받지 못한다.

생각이 줄어들고 마음이 이완되면 배의 근육들이 이완되고 복압이 떨어져 공기가 잘 들어오게 된다. 양질의 음식과 산소와 도로가 확보되고 몸 전체에 걸쳐서 혈액순환이 활발해지고, 힘이 생긴다. 자연스럽게 임독맥이 뚫어지고 삼매경까지 이르게 된다.

아울러, 호흡을 천천히 고르게 해야 한다.

"분당 1회 호흡으로 성인이 된다."는 말이 있다.

인체의 움직임은 포도당과 산소와 결합되어 에너지를 유발한다. 세포 내에 산소가 많이 들어가야 기운이 넘친다. 인간이 마음대로 움직일 수 없는 불수의근인 민무늬 근육에 산소공급이 안 되면 이 근육이 찌그러들게 되어, 만병의 근원이 된다.

함부로 인위적으로 호흡하거나 강한 스트레스를 받으면, 이 근육 혈관이 다쳐서 수축된다. 산소를 이 민무늬근육까지 넣어 주려면, 횡격막이 움직여야 하고, 호흡을 항시 느긋하고 여유 있게 천천히 해야 한다.

운전 시, 열차 안에서, 티브이 시청 시, 언제 어디서든 느긋하고 여유 있게 천천히 호흡하면, 기가 단전, 회음을 거쳐, 몸 전체로 순환되어 원만하고 활기찬 혈액순환이 몸 전체적으로 이루어진다.

이것이 인체의 원리이고 수행의 원리이며 성인이 되는 원리이다.

그리고 호흡명상 시 "모른다", "괜찮다"를 습관화하고 단전에 집중하다보면, 편하게 '참나'와 만나게 된다.

원래 '참나'는 우리의 본성으로 우리 안에 늘 있다. 이를 의식할 때 영감과 창의성이 무진장 올라온다. 돋보기처럼 하나의 대상에 초점을 맞추면 불이 나듯이, 자신에게 초점을 맞추면 몰입이 일어나 순수한 '참나' 상태에 빠지게 된다.

진정한 휴식은 '참나'와의 만남이다.

자꾸 '참나'와 접속해야 한다.

자신의 아랫배 단전에 자신을 집중해 본다.

잡음이 일어날 때 "몰라, 몰라"라고 하면, 의식이 고요해지고 무의식이 협조하여 초의식을 이끌어 내 준다. 잡념이 생기면 "모른다, 괜찮다"라고 하고, 다시 들어쉬는 호흡과 내쉬는 호흡을 느껴보고 바라본다.

호흡과 함께 온 몸의 느낌, 팔, 다리 느낌을 느껴본다.

호흡의 신기함을 느껴보고 내면의 고요함을 느껴보고, 자연과 하나 된 존재를 느껴보고, 그냥 존재해 본다.

가능한 한 자연스러우면서도 가늘고 길게, 깊게, 천천히, 고르게 호흡하면서, "나는 존재한다. 나의 본성, '참나'는 항상 내 안에 늘 있다."고 느껴본다.

몇 개월 전, 내가 처음 호흡명상을 시작할 때에 호흡은 1분당 15회 정도였다. 계속 하다 보니 점차 길어졌다. 1분당 10회, 지금은 수련 시 1분당 5회 정도까지 가능하다. 아직 습관화되지는 못했지만 말이다. 2~3년 후에는 1분당 1회를 목표로 하고 있다.

이렇게 점진적으로 천천히 늘려나가는 것이 무리하지 않고 부작용을 없게 하는 데에 중요한 것 같다. 이 호흡명상 수련 이후 예전보다 신체적으로 건강해지고, 마음이 훨씬 여유로워지고 느긋해지면서, 자신감과 에너지가 점점 배양되고 있음을 느낄 수 있다.

들숨이 횡격막을 지나 단전 아래로 들어오는 느낌을 관전한다.

"하나 두울 세엣 네엣"

"하나 두울 세엣 네엣"

날숨이 나가는 느낌을 알아차린다.

"모른다 모른다 괜찮다 괜찮다"

들숨이 들어오는 느낌을 관전한다.

"고요하다 고요하다 편안하다 편안하다"

날숨이 나가는 느낌을 알아차린다.

"따악좋다 따악좋다 행복하다 행복하다"

지리산 세걸봉

전북학생교육원! 남원시 운봉읍 공안리 산 45번지 소재로 전라북도 중고등학생들의 수련교육활동을 담당하는 곳이다.

세상을 널리 이롭게 할 만한 걸출한 인물이 많이 나오는 기운이 있다는 지리산 세걸봉 자락에 터를 잡고 있다.

전문직으로 첫 발령을 받아 4년 반 동안 직장동료들과 숙식을 함께 했던 곳이다. 학생과 교직원들과 함께 심신을 단련하고 정진하였던 수련기관으로, 나에게 그곳은 낙원이었다.

지리산 세걸봉 자락에 안기니

싱그런 내음이 가슴에 스미네
하늘과 능선이 병풍을 두르고
골짜기 물소리 화음을 이루네

지금도 눈 덮인 세걸봉에 올랐던 생각을 하면 가슴 뭉클함을 금할 수 없다. 교육원 근무기간 동안 100번 정도는 오르내린 것 같다. 수련교육일정에 따라 학생 · 교직원들과 함께 오르기도 하고, 비교육기간에는 직장동료들과 오르기도하고, 가끔은 혼자서 오르기도 하였다.

수만 명의 학생, 수백 명의 교직원들과 함께 세걸봉을 오르면서 가졌던 갖가지 재미있고 유익한 대화와 토론들, 심신박약의 한 여고생이 하산하던 중, 산중턱에서 숨이 멎는 응급상황이 발생하여 산소호흡 등 응급조치를 취하고, 헬기를 불러 촌각을 다투며 사태를 수습하던 일. 딸같이 귀여운 학생들이 오르기 힘들다고 내손을 붙잡고 따라 오르던 일. 혼자서 계획을 구상하고 뜻을 공고히 다지던 일 등이 머리를 스치고 지나간다.

교육원의 해발고도는 645미터, 세걸봉 정상은 1,216미터, 571미터의 고도차이다. 500미터 마다 국립공원사무소에서 세운 지북 22-01에서 지북 22-05까지의 표식이 있는데, 긴급 상황발생 시에 지점의 위치를 알리고 찾아가는데 기준점으로 활용하고 있다. 더욱 좋은 점은 나무 그늘 속으로 가는 길이 대부분이어서 여름에도 비교적 시원하게 산행을 할 수 있다는 점이다.

본원 현관을 출발하여 '행복의 집'이라고 명명된 교직원 숙소를 거쳐 캠프파이어장과 야영장을 지난다. 여기까지는 시멘트 포장길로 경사가 아주 가파르게 되어서 그런지 매우 힘들게 느껴지는 길이다. 이어 소나무, 측백나무들이 자태를 자랑하는 산길로 접어드는데, 피톤치드 등의 향 내음이 물씬 풍기는 곳이다.

잠깐 여유 있게 평탄한 길을 따라 발걸음을 옮기면 능선을 따라 오르게 되는데, 왼쪽으로 오른쪽으로 조금씩 비껴나며 가는 길은 산을 안고 노는 듯하기도 하고, 산에 안겨가는 듯하기도 하다. 얼마 가다 보면 옛 산림도로가 있는 부근에 지북 22-02표지, 세걸산 2킬로미터 안내표지가 차례로 나온다.

눈비가 와 미끄러울 때 이용하도록 밧줄이 2개 있는데, 이 밧줄들을 지나면 임도에 이르게 된다. 이곳에서 잠시 휴식을 취하고 수련생들의 상태와 장비들을 점검하고, 간단한 교육장소로 활용하기도 한다. 여기에 올 때마다, 4계절의 변화를 느끼면서 여유를 찾게 되고 편안한 마음이 들게 된다.

임도를 따라가 보면 별천지에 온 기분이 든다. 전나무, 잣나무 등이 울울창창하게 하늘높이 뻗어 있고, 싱그러운 숲 내음이 물씬 풍기어 아주 기분이 좋아지는 곳이다. 그래서 세걸봉까지 갈 시간 여유가 없을 때에는 여기에 와 임도를 따라 걷기를 즐겼다.

해마다 2월 말쯤 되면, 임도 주위에 고로쇠나무들이 수액을 내뿜고 있어, 지역주민들이 통이나 봉지에 받아놓은 고로쇠 물을 한 바가지씩 얻어 마시는 즐거움도 가졌다.

휴식을 마치고 여기 인도에서 세동치라는 곳에 오르려면, 1,200미터(높이로는 270미터)를 더 올라가야 하는데, 다행스러운 것은 중간에 평탄한 지대가 있어 힘들 때쯤이면 쉴만하다는 점이다.

곰바위, 뱀바위, 칼바위, 화석바위, 망바위 등의 이름이 붙은 바위들이 곰의 형상으로, 혹은 뱀의 모습으로, 칼같은 날카로움으로 볼거리를 제공하고 있다.

이 바위들을 지나 오르다보면 세걸산 1.5킬로미터 표지와 지북 22-03표지가 있고, 주위에 적송군락지가 있다.

다시 100미터정도 오르면, 평탄한 길이 나오는데, 이 길이 6·25 때 빨치산 토벌대가 크게 어려움을 당한 자리였다고 한다. 곧이어 오미자밭, 뱀마당이 나오는데, 오미자밭은 오미자가 많은 골짜기가 오른쪽에 보이는 곳으로 세걸산 1.0킬로미터 표지와 지북 22-04표지가 있고, 뱀마당은 작은 바위들이 많은 공터로 바위사이에 뱀들이 있어 조심해야 하는 곳이다. 이곳을 지나면서 오르막이 시작되는데 가파르고, 미끄러워지기 쉬운 곳마다 밧줄이 설치되어 있다.

이곳이 세걸봉 가는 길 중 가장 힘이 드는 곳이다. 능선을 따라 계속 오르면 세동치라는 곳이 바로 위에 보이는데, 마치 긴 동굴을 빠져나와 밖으로 나올 때 밝은 세상이 보이는 것처럼, 환하게 햇볕이 쏟아져 들어오는 것처럼 보이는 곳이다.

다시, 세동치에서 정상까지는 고도로 100미터, 거리로 480미터이다. 세동치에서 50미터 정도 평지 길을 가면 헬기장이 있고, 다시 50미터 거리에 약수터와 산딸기밭이 있다. 여기서 세걸봉 정상까지는 300미터 정도의 거리에 불과하여 여기까지 왔으면 정상에 올라가고 싶은 마음이 절로난다. 약수터는 해발 1,100미터에 있어, 물이 아주 시원하고 오염이 안 되어, 한 바가지 마시면 머리가 다 짜릿해지는 느낌이 든다. 여름철에는 세수와 등목까지 하면 심장마저 씻어지는 느낌이 든다.

능선을 따라 200미터 정도 오르다 보면, 어느새 정상이 가깝게 보이는 능선에 도달하고, 이제 남은 100미터정도는 다시 평탄한 길로 정상이 수줍게 손짓하며 오라는 듯한 느낌을 받는데, 몇 걸음을 가볍게 옮기다 보면 정상이다.

정상에 서면, 정면으로 반야봉이 오라는 듯 손짓을 하며, 멀리 좌로부터 천왕봉, 촛대봉, 삼각고지, 토끼봉, 반야봉, 노고단, 성삼재, 정령치 등이 차례로 보여, 가히 우리의 명산 지리산의 주요 봉우리를 한 눈에 조망하고 마음에 품을 수 있어 좋다. 그래서 세상의 걸출한 인물이 나올만한 기운이 있다하여 이곳을 세걸봉이라고 부르게 되었단다. 세걸봉 정상까지 올랐으니, 지리산 주봉들을 향해 목청껏 소리도 질러보고, 지리산의 기운을 느끼면서 그 기운을 마음껏 마시고 있노라면 나도 이제 지리산 사람이 다된 느낌이 든다.

두류산 세걸봉 정상에 오르니
천하의 봉들이 자태를 뽐내네
하나된 공간에 조화를 이루니
자연과 마음이 하나를 이루네

뭘 하다 갈 것인가?

제가 중학교 다닐 때였습니다.

임종을 앞둔 할아버님이 "내가 지금까지 뭐하고 지냈는지 모르겠다. 참 인생 허무하구나!"하고 탄식을 하셨습니다.

그래도 농업협동조합에서 괜찮은 직위까지 지내셨는데 말입니다.

그 이후 할아버님을 생각하면 그 말씀이 떠올랐습니다.

'나도 죽을 때 할아버님과 같은 말을 하게 될까?'

'아니지, 그렇게 후회하는 말은 하지 않도록 살아야지……'

'그런 말을 안 하려면, 어떻게 살아야 할까?'

그런 궁리를 하다보면 결국은 '나 자신을 잘 관리하면서 살아야겠다.'는 생각이 들었습니다.

자신을 관리하려면 먼저 자기 자신을 이해해야 합니다. 이를 위해서는 현재 자기가 하고 있는 일부터 출발하는 것이 좋을 것 같습니다. 왜냐하면 하루 중 3분의 1은 잠을 자고, 3분의 2, 깨어있는 시간 중, 대부분은 일과 관련되기 때문입니다.

세수, 화장하거나 식사, 출퇴근하는 시간도 일하기 위해 소요되는 시간으로 볼 수 있습니다. 이 3분의 2 시간을 개선하지 않으면, 죽을 때 저의 할아버님과 같은 말을 하고 떠날 것 같습니다.

우리들은 앞으로도 몇 년에서 긴 사람은 40년 가까이를 직장 일로 살아야 합니다. 잘 아시다시피 인생을 의미 있게 보내려면, 자신의 일과 인생목표가 연계되어야 하고, 맡은 일을 생명력 있게 해 나가야 합니다.

자신의 일에서 생명력을 찾을 수 있는 방법은 무엇일까요? 우선 자기 일에 대해 새롭게 정의해 보는 것입니다.

한 양파장수 이야기가 있습니다. 한 영감님이 시장에 나와 양파를 팔고 있었습니다.

"한 줄에 얼마요?"

"2,000원이요."

"그럼 세 줄이면 6,000원인데 5,500원에 주세요."

"안 돼요."

"그럼 스무 줄 전부 사면 얼마에요?"

"난 그렇게는 안 팔아요. 나는 양파만 팔러 나온 게 아닙니다. 시장에 나와 구경도 하고, 저 푸른 하늘과 나무들을 바라보면서, 담배 한 대 피워 무는 게 좋아 온 거요. 가끔 아들 집에 들러 손자 녀석도 보고요. 그 재미로 시장에 나오는 겁니다. 당신이 내 양파를 한꺼번에 다 사가버리고 나면 내가 시장에서 할 일이 없어지잖소?"

이렇듯, 영감님은 자기의 일에서 나름대로 '의미와 보람'을 찾고 있었습니다.

자기 일을 품삯으로만 정의하느냐, 무언가 의미와 보람을 찾느냐? 이 차이를 인식하는 게 중요하다고 봅니다.

"나는 한 시골 중학교 선생이야."

"난 한 초등학교 행정실 직원이야."

이런 말 대신에, 이런 말은 어떻습니까?

"인류의 인재를 길러내는 사명을 실현하는 스승이야, 나는 인류의 인재들의 꿈의 실현을 돕는 행정가야."

이렇게 생각을 바꾸어 보는 것 말입니다.

그렇다고 자기 일에 대한 의미 부여만 하면 다 되는 것은 아닙니다. 상대적으로 영감님보다 젊은 우리는, 비전과 목표가 있어야 하기 때문입니다. 그리고 자신의 가치를 보다 높여야 합니다.

그러기 위해서는 뭔가를 투자해야 합니다.

뭘 걸어야 할까요?

자기에게 가장 소중한 것, '자기 자신'을 걸어야 합니다.

먼저, 시간을 투자해야 합니다.

어떤 의미에서 보면 시간이 가장 중요한 자원입니다.

100살까지 산다 해도, 태어나서부터 36,500일밖에 되지 않습니다.

앞으로 우리는 많이 살아야 3만 일, 2만 일도 남지 않았습니다.

하루의 연속이 인생이니까, 인생은 하루에 달렸다고 해도 과언이 아닙니다.

하루가 아까워야 합니다.

집중력을 발휘해야 합니다.

그리고 규칙의 힘, 습관의 힘을 이용하는 게 중요합니다.

믿고 꾸준히 기다리는 것도 필요합니다. 가다보면 개울물처럼 졸졸 흐를 때도 있고, 막혀 돌아갈 때도 있고, 콸콸 쏟아지듯 흐를 때도 있을 것입니다.

그런데요, 우리 자신을 위해 낼 수 있는 시간은 얼마나 될까요?

1시간? 2시간? 아니면 30분? 하루에 30분을 내게 되면, 하루가 1,440분이니까 연구개발에 하루의 2%를 투자하는 셈이 됩니다. 그렇다면 1시간은 4%, 2시간은 8%를 투자하는 것이 됩니다. 우리 직장인에게 1~2시간의 자기 시간은 매우 많은 시간입니다.

어떻게 하루에 한두 시간의 내 시간을 만드느냐?

하나의 법칙을 지키는 것입니다.

자기가 먼저 쓰고 나면 자기 것이 됩니다. 매일 자기 시간을 내야겠죠. 가급적 같은 시간대에 내면 더 좋답니다. 어떻든, 습관을 만드는 게 중요합니다.

시간을 어떻게 확보하면 좋을까요?

새벽이나 저녁 시간 중, 취향에 맞게 일정 시간을 확보할 수 있어야 합니다. 지금까지 비교적 의미 없었던 시간들, 그다지 필요하지 않은 TV 시청이나 인터넷 사용, 잡무 시간 줄이기, 비슷한 일 모아 한꺼번에 처리하기 등을 통해서 시간을 확보할 수 있겠습니다.

그러면 이렇게 낸 1~2 시간을 어떻게 써야 할까요?

먼저 자신을 이해하는 데 씁니다.

자신이 뭘 원하고 잘 하는지 알아보는 데 씁니다.

자신을 어느 정도 이해하고, 비전과 목표가 확고해진 분들은 그 실현을 위해 필요한 능력과 가치를 높여가는 데 씁니다.

자기관리를 위해 씁니다.

아직 자신을 어느 정도 이해하지 못하고 있다면, 자기라는 수수께끼를 풀어야 합니다.

첫째, 자신의 과거사를 한번 정리해 봅니다.

평상시 하루 일과도 점검해 봅니다.

몇 날 며칠 점검하며 쓰다보면 1장이 10장, 10장이 20장이 됩니다. 그러다보면 자신에 대한 해석이 어느 정도 될 것입니다.

둘째, 자신의 성격, 품성을 고찰해 봅니다.

객관적인 성격검사나 행동성향검사를 해 보아도 좋습니다. 어떻게든 자신의 성격유형, 행동성향을 파악해 봅니다.

셋째, 할아버님, 아버님을 통해서 자신을 이해해 볼 수도 있습니다.

어른들의 행동특성이나 행적들을 말입니다. 자신의 유전적인 정보를 살피다보면, 자녀를 이해하는 데에도 도움이 됩니다.

넷째, 친구나 동료들로부터 나에 대해 어떻게 생각하는지 들어보는 것입니다.

그리고 나는 어떤 성향의 친구들과 어울리는가? 그들의 성품, 사고방식, 행동성향은 어떠한가? 이렇게 여러 방식으로 해석하다보면, 자기 자신을 포괄적으로 이해할 수 있을 것입니다.

자신을 어느 정도 이해했으면 다음으로, 비전과 목표를 정하는 일입니다.

지금의 입장에서, 일생 동안 하고 싶고, 해야 할 일은 무엇인가?

정년 전까지는 무엇을 할까? 정년 후에는 뭘 하고? 70세, 80세, 90세 때 목표는 무엇인가?

우리 뇌는 현실과 상상을 구분하지 못한다고 합니다. 슈퍼컴퓨터와 그 기능이 흡사하답니다. 뇌는 모든 세포와 근육에 명령을 내립니다. 목표가 있으면 무의식적으로 작동합니다. 따라서 매일 생각하고 말하고 쓰고, 관련 자료를 모으고, 관련 책들을 보고, 정보를 습득하며, 그 일을 항상 우선순위에 놓으며 매일 실천해 가면 바라는 것은 이루어지게 되어 있습니다.

자신을 이해하고 인생 목표와 비전을 명확히 했으면, 다음은 그와 관련한 능력과 가치를 높여나가는 일입니다. 그리고 마음관리, 몸관리를 잘해 나가야 합니다.

그러기 위해서는, 무엇보다도 관련 책이나 정보들을 많이 탐닉해야 합니다. 정보들을 책으로 환산해서 2~3천 권 정도 읽으면, 그 분야에 대한 이치와 원리를 터득할 수 있답니다.

자기만의 일가견이 생기게 되고, 전문가가 될 것입니다.

자기관리 중, 마음관리에 대해 살펴보겠습니다.

먼저, 감사하면서 살아가야 합니다.

오늘 감사한 것 한번 말해보라고 하면, 별로 감사할 게 없다고 하는 분들이 있는데요, 잔디밭에 있는 클로버를 보면, 행운을 상징하는 네 잎 클로버는 찾기가 어렵죠. 어쩌다 찾을 수가 있죠. 그러면 세 잎 클로버는 어떻습니까? 아주 많지요? 세 잎 클로버는 행복을 의미한다고 합니다.

사실 행복은 잔디밭 세 잎 클로버만큼이나 많다고 봅니다.

앉아 있는 것, 눈뜨고 있는 것, 숨 쉬고 있는 것, 사지가 멀쩡한 것, 몸 성한 것, 이런 것도 모두 감사할 게 아닙니까?

이렇게 찾다보면 행복할 게 부지기수입니다.

그런데요,

우리는 행운 하나를 찾겠다고 주변의 수많은 행복들을 마구 짓밟고 있는지 모르겠습니다.

우리 마음은 크게 2가지 원리가 있다고 합니다.

첫째 원리는, 마음은 한 번에 한 곳에 가 있다는 것입니다. 크게 보면 건전한 데나 불건전한 데, 둘 중 한 곳에 가 있답니다.

성현들은 건전한 데로 가 있겠죠.

좀 불량한 사람들은 불건전한 데로 가 있겠고요.

우리는 어디로 가야 합니까?

건전한 데로 가야겠죠.

둘째, 첫째 원리에서 일어나는 일인데요, 한쪽으로 가면 자꾸 그 쪽으로 가며, 길이 난답니다.

불건전한 데로 자주 가면 그게 8차선이 되고, 건전한 데로 가끔 가게 되면 그쪽으로 2차선이 난답니다.

그러면 건전한 곳이 어디고, 불건전한 곳은 어딥니까?

"강의를 듣다가 복잡한 생각이 자꾸 들었다."

어디로 간 겁니까?

불건전한 곳으로 간 거죠.

일반적으로 건전한 쪽은 현재이고, 불건전한 쪽은 과거와 미래랍니다.

우리 마음을 지배하는 것은 생각입니다. 일반적으로는 안 좋은 일이 떠오르는 힘이 더 강하답니다. 그래서 과거를 생각하면 대부분 안 좋은 일이 떠오릅니다. 따라서 과거는 불건전한 대상으로 볼 수 있습니다. 과거에 시간을 쓰다보면 현재를 낭비하는 셈이 됩니다. 추억은 필요할 때 잠깐만 하면 됩니다.

미래를 고민하는 것도 역시 현재를 낭비하는 것이 된답니다. 걱정되고 불안한 미래가, 기대하는 미래보다 많기 때문입니다. 자기가 바라는 미래는 이미 현실로 이루어졌다고 생각해야 합니다.

왜 현재가 중요한가요?

현재가 왜 건전한 대상이 될까요?

현재를 보면 우선 집중력이 강해집니다. 그래서 세상 이치나 사물의 본질을 알게 됩니다. 따라서 마음, 생각을 현재에 두는 것은 굉장한 자산이 됩니다. 순리에 맞게 행동하게 됩니다. 정신건강에도 아주 좋답니다.

생각을 잘 관찰하면, 생각은 순간적으로 생겨났다 사라집니다. 그리고 앞선 생각이 없다는 것, 뭐가 떠오를지 모른다는 것을 알 수 있습니다.

그런데요, 아인슈타인의 마음은 물리로 꽉 차 있습니다.

모차르트는 음악으로 꽉 차 있고, 미국거지는 영어로 꽉 차 있어 비록 거지라도 영어는 잘 한답니다.

한마디로 입력이 중요한 것이지요.

입력장치에는 눈, 귀, 혀, 코, 피부, 그리고 생각이란 정신작용이 있습니다. 물론 가장 중요한 것은 생각입니다.

입력을 조심히 해야 합니다. 생각을 조심해야 한다는 말입니다.

다음으로 불건전한 마음을 건전한 마음으로 이동하는 방법을 살펴볼까 합니다.

먼저, 현재하는 일에 집중합니다.

강의를 하면 강의에, 설거지를 하면 설거지에, 100% 집중합니다. 그러면 그 대상과 온전히 만나게 된답니다. 좋고 싫음도 두려움도 없어집니다. 본질을 보게 됩니다.

그리고 자기의 몸과 마음에 집중합니다.

가장 보편적이고 쉬운 방법이 호흡에 집중하는 것입니다. 숨을 들이쉬고 내쉬는 과정에서 단전에 100% 집중하면 달라진답니다. 지혜가, 그리고 깊이가 있게 된답니다. 이렇게 현재에, 그리고 자기의 몸과 마음에, 집중하는 것이 곧 명상이고 수련이기도 합니다.

다음으로 몸 관리에 대해 간단히 살펴보겠습니다.

우리 인간은 일과 휴식, 긴장과 이완이 함께 필요합니다. 그런데 우리생활 대부분이 긴장된 채로 생활하기 때문에 이완이 더욱 중요합니다.

그래서 제가 추천하고 싶은 것은 명상입니다. 신체적 이완뿐만 아니라 마음의 이완도 가져다주기 때문입니다.

런던대와 서울대 뇌과학 연구소 연구에 의하면, 명상은 이완으로 가는 가장 전통적이고 확실한 방법입니다.

스트레스에 대한 저항력이 길러져, 면역력이 강해지고, 집중력, 인내력이 생기며, 행복감과 만족감을 얻게 된답니다, 명상은 내용에 따라 집중명상과 통찰명상으로, 형태에 따라 자애명상, 좌선명상, 보행명상, 일상생활 명상으로 나눌 수 있는데요, 이 명상과 함께, 산보나 조깅, 수영이나 등산 등 유산소 운동과 팔굽혀펴기 등 가벼운 근육운동을 취향에 맞게 병행하여, 몸과 마음을 함께 관리해 나가면 금상첨화라고 하겠습니다.

자 이제, 마무리할 때가 되었습니다.

"모든 것은 자기 안에 다 있습니다. 결국, 모든 적도 자기 안에 있습니다. 모든 보물도 자기 안에 있습니다."

"자기 안의 적을 물리치고, 자기 안의 보물을 확보하는 것, 이것이 바로 의미 있는 인생, 자아실현이라 할 수 있습니다."

이 세상에 태어나 뭘 하다 갈 것인가? 자신이 가장 원하는 일을 뚜렷한 비전과 목표로 정하고, 자기관리를 통해 능력과 가치를 높여 나가며, 확신과 열정을 가지고 집중하여 지속적으로 실천해 나가면, 자기가 바라는 자아실현은 이루어질 것입니다.

"성공하는 사람은 자기를 살리는 방법으로 생각하고 행동합니다."

"언제요?"

"지금, 당장.",

"here and now."

2부

행복은 이미 당신입니다

남이섬 감상

2017년 4월 20일, 이른 아침, 여느 때와 같이 눈이 떠졌다. 30분 명상과 세면을 마치고 남원교육지원청에 도착하니 교육장님은 생수를, 담당장학사는 간식을 전세 버스에 싣고 있었다. 25인승 리무진 버스에 몸을 싣고, 전주역 부근 승강장에 도착, 전주거주 동료들을 싣고, 워크숍 장소를 향해 출발하였다.

두 세 시간 정도를 눈을 떴다가 감다가를 반복하다가 11시 20분 경 제1차 워크숍 장소인 성남시에 있는 도촌초등학교에 도착하였다.

5층 강당에서 이 학교 송근후 교장선생님의 열정적인 교육활동관련 특강이 있었다.

복도에서 마주치는 학생들마다 고개를 꾸벅 숙이며 큰 소리로 인사를 했다.

"사랑합니다."

"행복하세요."

그 모습이 먼 곳에서 방문한 손님들한테 하는 형식적인 인사가 아니었다. 손님들이 오시니까 어디서 보건 인사를 드리거라, 하고 벼락치기 생활지도를 받은 인사가 아니었다.

인사가 생활화되어 있음을 보고, 인성교육의 힘이 큼을 느낄 수 있었다. 다시 한 번 열성적으로 관리자 역할을 하시는 송근휴 교장 선생님에게 감동을 받았고, 존경심마저 들었다.

학교인근식당에서 돌솥쌈밥으로 점심식사를 한 후, 두 번째 워크숍 장소인 남이섬으로 출발했다.

남이섬은 인적이 드문 외진 곳으로, 세조 때 대활약을 했던 남이 장군이 예종 때 역모의 혐의로 죽게 되어 이곳에 묻히면서 남이섬이라는 이름을 가지게 되었다.

원래는 섬이 아니었는데, 1944년 청평댐이 만들어지고 북한강 상류의 수위가 올라가면서 주위가 물에 잠겨 자연적으로 섬이 되었다고 한다.

춘천과 가평의 경계에 위치하고 있으며, 겨울연가의 촬영지로 알려지면서 관광객이 늘고 한류의 열풍을 일으키는 계기가 되어 일본 중년 여인 층을 비롯하여 해외에서도 많이 찾고 있는 관광명소 노릇을 하고 있었다.

선착장에 들어서자, 전통양식의 건축물에는 '나미나라공화국 입국을 환영합니다'라는 이채로운 문구가 보이고, 꼭 거란문자와 같은 문자도 보여, 외국에 온 것 같은 착각이 들게 한다.

증도와 선유도 같은 섬들은 원래부터 사람들이 사는 곳으로 점차 관광지화 되었는데 반해, 남이섬은 무인섬이었던 곳을 관광지로 꾸몄기 때문에, 사람들에게 매력적으로 어필할 수 있는 스토리텔링이 필요했던 것이다. 그런 고민의 결과가 '나미나라공화국'이란 스토리텔링을 만든 것이라 하겠다.

물살을 가르며 남이섬으로 가는 기분은 상쾌했다.

더욱이 봄의 끝자락이다 보니 여행을 다니기도 더할 나위 없이 좋은 계절이다.

남이섬에는 5분 정도 만에 도착했다. 짧은 배타는 시간이 아쉬웠지만, 나로서는 처음 가보는 남이섬을 돌아보고 싶은 마음뿐이었다. 입구에서 내려서 오른쪽으로 강변을 끼고 돌았다. 도보로 왼 쪽을 둘러보고, 다시 중앙으로 돌아와 이번에는 마차를 타고 왼쪽 강변길을 한번 돌았다. 그리고 메타세쿼이어 가로수길, 은행나무 길도 걸어보고, 남이장군 묘에 가서 기념촬영도 했다.

남이장군 묘 앞에서 잠시 남원 고죽동에서 출생하여 파란만장한 세월을 살았던 유자광을 떠올려 보았다.

세상 사람들이 유자광을 간신으로 알고 있는 것은 남이와 관련이 있다.

남이가 젊은 호기로 '백두산의 돌은 칼을 갈아 없애고, 두만강의 물은 말을 먹여 말리리라. 남자 나이 스무살에 세상을 평정하지 못하면, 후세에 누가 대장부라 칭하겠는가'하는 시 한편을 읊었다.

그런데 유자광이 '남아이십미평국男兒二十未平國'의 미평국未平國에서 '평平'자를 '득得'자로 고쳐 남이가 역모를 도모했다고 모함하여 죽게 만들었다는 것이다.

유자광이 간신으로 몰리게 된 최초의 사건이다.

그 시대를 다룬 문학작품이나 드라마에서도 상당히 중요한 사건으로 묘사된다.

한 때는 나도 희대의 간신 유자광이 남원출신인 것이 부끄러웠다.

그러다가 남원의 일부 인사들이 유자광의 간신누명 벗기기와 유자광 마을 조성에 앞장선다는 소식에 유자광을 본격적으로 들여다보기 시작했다. 그 결과 유자광은 절대 간신이 아니라는 결론을 얻었다.

조선왕조실록의 세조부터 중종 때까지를 다 읽어 보았지만 어디에도 유자광을 간신으로 몰아 부칠 기록은 없었다.

오히려 예조실록에서 남이의 역모사건 부분을 보면 남이가 역모를 획책하며 사람을 모으고 다니는 과정이 추국을 통하여 낱낱이 밝혀진다. 실패로 끝났지만 남이의 역모사건은 사실이었고, 그 때문에 죽은 것은 조선왕조실록이 기록하고 있다.

더구나 유자광이 평(平)자를 득(得)자로 고쳤다는 기록은 눈을 씻고 찾아보아도 없다.

그렇다면 무엇 때문에 유자광이 남이의 역모사건을 모함한 간신이 되었을까?

그것은 남이의 후손인 남곤이라는 사람이 쓴 '유자광전'이라는 소설 때문이다. 정통 소설도 아닌, 야사를 기록한 형식으로 남곤이 자신의 조상을 변명하기 위하여 쓴 유자광전에서 유자광이 남이의 시에서 '평平'자를 '득得자'로 고쳐 모함하였다고 했는데, 후세의 소설가나 드라마 작가들이 남곤의 '유자광전'을 빌미로 유자광을 간신으로 둔갑시켜 버린 것이었다.

작가들이나 역사학자들이 조선왕조실록의 세조부터 중종시대를 한번이라도 읽어보았다면 유자광을 간신으로 몰아붙이는 우는 범하지 않았으리라.

양심 있는 역사학자들이 실록에 근거하여 역사를 연구하였다면 유자광에게서 간신이라는 누명은 진즉에 벗겨졌으리라 믿는다.

남이의 무덤 앞에서 유자광을 떠올린 것은 남원 사람으로 억울함 때문이었는지도 모르겠다.

남이섬은 애석하게도 친일파 민영휘의 후손 소유라고 한다.

민영휘는 이완용 등과 함께 한일합방에 앞장 선 공로로 합방 후에 자작의 칭호를 받을 만큼 조국을 망하게 하는데 일등공신이었다. 일제강점기에 요직을 두루 거쳤던 민영휘는 조선제일의 갑부였으니, 자신의 축재를 위하여 조국에 등을 돌리고 일제에 아부한 아주 못된 친일파였다.

2007년 '일제강점하반민족행위진상규명에관한 특별법'에 의하여 민영휘의 재산환수결정이 내려졌지만, 그 후손이 소송을 제기하고 남이섬 일부 지분을 제 3자에게 넘겨 공동소유물이 되면서 환수대상에서 제외되었다고 한다.

이는 애석하다 못해 매우 분통한 얘기임에 분명하다. 이렇게 좋은 광경과 아름다움을 누릴 때에도 사회의 부조리를 느껴야 하는지 역사의 질곡을 어떻게 바로 잡아야 할는지…….

남이의 무덤 앞에서 친일파의 교활함에 새삼 분노가 치밀어 올랐다.

일제의 사슬에서 벗어난 지 70년이 넘었는데도 우리는 여전히 일제의 잔재 속에서 살아가고 있다. 정치판이건 경제판이건 심지어는 시골의 땅 부자 들까지도 친일파의 후손들이 많다.

친일파의 후손들이 여전히 떵떵거리며 잘살고 있다.

친일청산을 제대로 하지 못한 까닭이다.

수많은 사람들의 가슴을 아프게 했던 위안부할머니들의 가슴을 한번 더 난도질한 엉터리 합의를 이루어낸 것도 친일이 골수에 박힌 한 비이성적 정권에서 자행한 일이다.

일본이 우리 국민들의 성금으로 세우고 있는 소녀상을 놓고 시비를 하고, 심지어는 모독하는 행위를 자행해도 뚝 부러지게 항의 한번 못한 것이 소위 친일파의 후손이라는 정치인들이었다.

남이의 묘 앞에서 유자광 때문에 울적했고, 그 아름다운 풍광의 남이섬이 아주 못된 친일파 후손의 소유라는 것 때문에 불쾌했다.

저녁때가 되어, 남이섬 선착장으로 돌아와 부근 닭갈비 식당에서 닭갈비정식을 들었다. 여기서는 유초중고교장과 교육장, 과장, 장학사, 팀장 등 총 60명이 함께한 만찬장 자리가 되었다. 이 자리에서 교육장 인사말에 이어, 중등교장협의회장 자격으로 건배사 일명, "청바지"를 하게 되었다. "청춘은 바로 지금부터"로 선창하면서 "청바지"로 화답하는 내용이었다. 시종일관 화기애애한 가운데 한 시간여 동안의 저녁식사를 마치고 숙소로 돌아가는 도중에 '소양강 스카이워크'를 한 시간정도 관람하면서, 교육지원청 과장님들과 교장 동료들과 함께 야간 기념촬영을 하였다. 숙소인 '베니치아 호텔 베어즈'에서, 교육장님, 중등 장학사들과 함께 중등교장 모임 미팅이 이어지고, 활발한 토론과 협의 시간을 가져, 더욱 의미 있는 밤을 보냈다.

다음날 7시에 기상, 10여분의 명상과 함께 샤워를 마치고, 로비에 있는 식당에서 한식뷔페 후, 9시경 김유정 문학관으로 향했다.

동백꽃으로 유명한 김유정 문학촌은 생각보다 잘 정리되어 있었다.

김유정 문학관을 중심으로 김유정을 테마로 한 마을을 이루고 있었다.

우리나라 대표고전소설인 춘향전과 흥부전을 비롯하여 소설문학의 효시인 김시습의 만복사저포기의 고장이며, 남원의 인물과 남원의 사건을 소재로 한 홍도전과 최척전을 탄생시킨, 우리나라 고전문학의 산실인 우리 남원은 이와 관련하여 변변한 문학관 하나 없음에 씁쓸한 감정을 지울 수 없었다.

경기도 가평의 '아침고요수목원' 부근에 도착하여 잣순두부전골로 점심식사를 해결한 후, 수목원을 관람하였다.

아침고요라는 수목원의 이름은 인도의 시성 타고르가 조선을 '고요한 아침의 나라'라고 예찬한데서 비롯되었다고 한다. 한국의 아름다움과 동양적 신비감, 한민족의 고고한 얼의 의미를 담고 있었다.

가평 축령산 기슭에 숨어있는 비밀정원, 한국적 정서 안에 예술과 자연이 만나는 곳, 사람들로 발 디딜 틈이 없을 정도였다. 연간 100만 이상의 방문객을 자랑하는 이곳은 5,000여종의 식물이 10만평의 대지위에 22개 정원으로 구성되어 자리 잡고 있다.

우리나라 정원 중에서 가장 아름답고 아기자기한 곳이란다.

시간과 여건이 되면 집사람과 함께 와 보고 싶은 곳이다. 이런 곳에서 살면 얼마나 마음도 아름다워 질까? 스트레스도 완전히 해소될 것 같다.

3시경, 전주를 향해 출발, 전주역 부근의 초원회관에서 갈비탕으로 저녁식사를 간단히 하였다. 여기서도 중등교장회장자격으로 건배사를 하게 되었는데, 진실성 있는 의사소통으로 마음이 소통되어, 운수대통, 만사형통하자는 의미에서 선창하면 "통통통통"으로 화답하는 내용이었다.

식사 후 남원교육지원청에 도착하니 오후 9시가 다되었다. 이번 워크숍은 유초중고 교장, 교육청 가족들과 함께하여, 서로의 친선을 도모하고 앞으로의 교육활동에 도움을 받은 내용들을 논의 하는 등, 즐겁고 뜻깊은 여정이 되었다.

특히 견학장소인 남이섬, 김유정 문학관, 아침고요 수목원은 나름대로 모두 처음 가본 견학지로, 신선감이 있어 더욱 좋았다.

재작년 인천에 연수 차 가서 2박 3일 동안 머무른 것을 제외하고는 경기지역 여행은 이번이 처음이어서 많이 설레고 흥미 있는 여행이 되었다.

오월 연휴

오늘은 어린이날이다. 그리고 글피는 어버이날이다. 지금 우리 집에 어린이는 없다. 부모님도 안 계신다. 스물아홉의 아들은 벤처 사업을 하느라 서울에 올라가 있고, 집에는 우리 부부와 스물일곱의 딸 뿐이다. 딸은 남원교육지원청 특수교육센터의 교사로 재직 중이다.

두 달 전부터, 오늘과 내일을 집사람과 나들이하는 날로 약속해 놓았었다. 집사람과 1박이상의 여행을 함께 나선 것은 오래되었다. 하기야 지난 3월말 서울 아들이 이사했다고 하여 아들 집에 가서 하룻밤 머물다 온 적은 있지만, 집사람이 5년 전에 초기 유방암 수

술을 받고 난 후부터는 특별한 일이 없으면 1박 이상 함께 여행하지 않았다. 집사람이 쉽게 몸이 피곤하다고 느끼기 때문이다. 그렇지만 올해 5월 3일부터 7일까지의 5일 연휴동안은 1년에 한번 정도 올까 말까하는 기회라 그냥 보내기가 아쉬웠다. 그래서 동해안 방향으로 길면 2박 3일, 짧으면 1박2일을 예정하고, 포항, 주왕산, 백암온천 방향을 생각하고 나섰다.

9시경, 집을 나와 작년에 재건설된 구 88고속도로인 광대고속도로를 인월인터체인지까지 20분, 함양까지 30분 남짓, 거창까지 1시간 안에 주파하며, 대구를 지나서 포항 쪽으로 방향을 잡고 나가다, 12시경, 포항근처 휴게소에서 순두부찌개와 비빔밥을 반반 나누어 먹고, 호미곶을 향해 꾸부정한 길을 헤매고 막히다 도착하니, 오후 2시경이었다.

기념관을 스치듯이 관람하고, 호미곶 기념 조형물을 배경으로 몇 장의 사진을 찍은 후, 3시경 백암온천을 향해 출발, 한참 만에 포항시를 거쳐, 동해안을 따라 위로 위로 올라갔지만, 차량행렬도 거북이 행렬, 웬만한 수도권 고속도로 정체 구간이나 대도시 퇴근시간보다 정체가 더 심한 것 같았다.

특히 포항~영덕 구간은 92킬로미터를 1시간 반 거리를 3시간이 되어서야 겨우 통과하였다. 차량이 많이 늘어나서도 그러겠지만, 예전엔 동해안을 따라 군데 군데 마을이 형성되었었는데, 이제는 해안을 따라 일렬로 거의 모든 집들이 들어서서, 길 따라 이어지게 되어 그만큼 사거리나 건너는 곳이 많아졌기 때문이라고 생각된다.

오후 7시가 되어서야, 가까스로 백암온천특구에 도착, 시설이 제일 나은 것 같아 보이는 호텔로 가보니, 이제 막 방배정이 끝났다고 하여, 주변 호텔을 안내 받아 거기에 여장을 풀었다. 6만원인데, 독실용, 간이침대 1개 만 있는 방 하나만 남아 있어서 어쩔 수 없이 묶을 수밖에 없었다. 오래된 TV와 조그만 냉장고가 갖춰져 있어, 크게 불편을 느끼지는 않았다.

여장을 푼 후 밖으로 나와 버섯전골로 식사를 한 후, 온천 특구를 한 바퀴 돌면서 산책하고 숙소에 들어가니 9시경이 되어, 온천욕은 내일 아침으로 미루게 되었다. 집 사람과 옛 여행추억들을 되새기며, 이런 저런 대화를 즐겁게 나누다가 자정이 되어 잠자리에 들었다.

다음날 눈을 뜨니 새벽 5시, 가만히 누워 눈을 감고 명상을 하기도 하고 화장실에 들락거리기도 하니, 집사람도 일어나 함께 즐거운 미팅시간을 가졌다. 7시경이 되어, 1층으로 내려가 온천욕을 하고 와서, 잠시 휴식하다 짐을 정리한 후, 숙소를 나와 더덕정식으로 아침식사를 하였는데, 생각보다 풋풋한 냄새를 풍기는 더덕 맛에 이끌렸다.

마침, 옆자리에서 한 스님이 보살로 보이는 두 분과 함께 더덕구이와 된장국으로 식사를 하였는데, 더덕구이가 가격에 비해 꽤 많은 양이 철판에 구워지고 있었다. 식후 산책을 겸해 주변에 있는 한화리조트를 둘러보고, 후포항으로 갔다.

후포항에서 대게를 구입하여, 아이스박스로 포장하여 트렁크에 싣고, 남원을 향해 출발하였다, 어제 왔던 길과의 중복을 피하기 위해 안동 쪽을 향해 방향을 잡고 영덕까지 내려와서 주왕산국립공원 지역, 청송, 안동, 의성, 군위, 구미, 서대구, 남대구를 거쳐 거창휴게소에 도착하니, 2시가 다 되었다.

점심으로 콩나물국밥과 김치찌개를 반반씩 나누어 먹고, 따가운 햇볕과 자외선, 미세먼지들을 맞기도 하고 슬기롭게 피하기도 하며 집에 도착하니 어느덧 4시가 되었다.

1박 2일의 짧은 나들이였지만 아내의 밝은 얼굴이 나를 행복하게 했다.

교직원 연찬회

2017년 7월 7일 금요일, 1학기 2차고사가 끝나는 날이다. 점심식사 후, 건강이 좋지 않은 몇 분과 개인사정이 있는 몇 분을 제외한 20여명의 선생님들이 전세버스에 몸을 싣고, 워크숍 장소인 전남 보성, 장흥을 향해 출발하였다.

남원중학교로 부임한지 다섯 달 만이었다.

"가지 많은 나무 바람 잘 날 없다"는 속담처럼, 3월 초 전근 오자마자, 이것저것 챙기고 해결하다보니, 정신없이 지나간 날들이 주마등처럼 스쳐 지나간다.

세시 경, 보성 '대한다원'에 도착하여 경내로 들어선 다음, 녹차 아이스크림을 하나씩 들면서, 녹차 밭으로 이동, 사진 촬영장에서 단체사진, 개인사진들을 찍어댔다. 교직원들과 함께 야외에 나와 산책하며 어울리니, 친근감이 더욱 들어 좋았다.

다원을 출발하여 인근에 있는 다비치 콘도에 도착, 여장을 풀고 다섯시부터 콘도 세니마실에서 워크숍을 시작하였다.

진로상담부장은 "학생수준의 격차가 크다, 교사를 신뢰하지 않는 학생이 많다. 기본이 안 된 학생이 상당수다. 언행이 문제된 학생이 있다"며, 학생지도의 어려움을 실토하였다. 나도 공감하면서 말 한마디에도 조심해야 하며, 민감한 문제를 언급할 때는 더욱 주의해야 하며, 오해나 불신을 주는 말을 삼가고, 애로사항이 많은 인성부 업무에 협조해줄 것을 요망하였다.

학생생활지도는 일차적으로 담임이 중심이 되어 문제를 예방하고 해결해야 하며, 학년부장, 인성부장, 교감, 교장의 체계적이고 유기적인 협력도 요망하였다.

교육복지담당이자 친목회 간사는 앞으로는 개인의 사정으로 동참하지 않은 분이 없도록 모든 교직원의 참여를 요망하였으며, 더 많은 참여를 위해 당일치기가 바람직하다는 의견을 제시하여서, 학년말 결산 시에 다수 의견을 취합하여 결정하자고 하였다.

3학년 부장은 교사간의 보다 활발한 의사소통과 유기적 관계 형성, 학사일정과 행사의 충분한 사전예고, 업무내용의 전달을 보다 정확하고 확실하게 할 것을 요망하면서, 메신저, 문자 등을 병행하여 충분히 사전 예고를 할 것을 바랐다. 이에 대해 동조하면서, 교직원회의 월 1회씩, 부장회의 월 2회씩 성실히 진행할 것을 당부하였으며, 교직원회의 장소도 재고해 보자고 하였다.

연구부장은 시험 관리의 문제점을 지적하고, 1학기 업무의 추진 실적, 워크숍 제안내용, 교원능력개발평가에 대해 언급하였는데, 메신저, 회의 등을 통해 의사소통과 연수를 활성화하고, 개인의 인생 목표를 교직활동과 연계하여 설정하고 실천해나가는 것이 바람직하고 효과적이다는 요망사항을 피력하였다.

인성부장은 학교폭력관련 학생이 학년별로 20-30명 정도 된다면서 애로점들을 실토하였다. 이에 대해 폭력 등의 인성문제는 담임을 중심으로, 학년을 중심으로 예방과 해결을 우선적으로 하는 것이 바람직하며, 인성부와 유기적인 협조 바란다는 의견도 제시하였다.

올해 신임으로 3학년담임과 평가계를 맡은 수학선생님은 학년 초에는 생활지도문제로 병가를 낼 정도였다고 하면서, 평가계 업무도 과중하다고 하여, 슬기와 끈기로 견뎌내고 어려움을 잘 극복하여 교육경험으로 축적하고 교육역량을 함양해 나갈 것을 당부하였다.

역시 신임으로 1학년담임을 맡은 음악선생님도 생활지도 등 업무의 어려움을 실토하고, 특히 학년실을 중심으로 교원 간 소통 기회 마련을 요청하여, 이에 공감하고, 학년간담회 등을 통하여 상호 협력과 유기적인 소통관계 노력을 강조하였다.

보건 선생님도 의사소통문제를 지적하고, 교직원회의를 자주하는 것이 좋겠다면서, 쪽지로는 한계가 있다고 하여, 이에 공감을 표시하고 다함께 노력하자고 협력을 구하였다.

2학년부장은 근래에 전북교육연수원 원격연수인 '행복한 학급공동체를 위한 평화적 해결방안' 연수를 받았다면서, "생활지도와 수업 등 복잡한 문제들을 해결하는데, 갈등은 좋은 교육기회다. 해결방법을 제시하고 안내하는 것이 교원의 일이다, 심한 문제아도 착한 학생으로 돌아올 수 있다는 신념을 가지고 지도해야 한다"고 의견을 제시하였다. 이에 갈등은 어느 집단, 어느 사회나 필연적인 문제로, 이를 극복하는 힘을 기르자면서, 시간이 지나면 잘 해결될 것이라고 생각하고 인성교육에 더욱 많은 노력을 기울여 나가자고 조언하였다.

행정실 성주무관은 사무처리 기한을 엄수하여 주고, 학교시설 안전 관리 등의 협조를 당부하였다. 이에 상호 협조와 이해를 바라고, 청소시 안전문제도 있으므로 임장 지도를 당부했다.

이번 7월 1일자로 부임한 행정실 강주무관은 4년째 손을 놓은 업무를 다시 맡아 당분간 두 달 정도 적응기가 필요하다고 하여, 교직원들의 이해와 협조를 당부하였다.

3학년 담임과 학생부업무를 맡은 과학선생님은 학년별로 문제 학생이 30~40명 정도이고, 인성부의 퇴근이 제일 늦다고 하면서, 주번들의 문단속지도를 요망하고, 강당 출입문, 창문 등이 닫히지 않을 때가 있다고 지적하며, 담임이 일차적으로 관리하여야 한다고 주장하였다. 이에 동조하면서 행정실과 함께 협의하여 해결하자고 하였다.

체육부장은 신임이나 새로 전근 오신 선생님도 업무분장협의에 참여해야 한다고 주장하여, 이에 대해 참여는 물론 학년 초 멘토가 필요한데, 부장선생님들이 멘토 역할을 해줄 것을 당부하였다.

기간제 기술가정선생님은 가정통신문 회답 기한이 내일까지 인데, 오늘 오후에 배부될 때가 있다고 하여, 이에 공감하고 기간에 여유를 두어 사전에 배부할 것을 요망하였다.

도서계 국어선생님은 많은 학생들이 도서실을 이용하는데, 에어컨을 쐬러온 학생도 있으며, 내성적인 학생은 혼자 만화를 본다면서, 인터넷 소설 80만원 어치 구입하여 놓았으며, 2학년부장선생님의 한줄 평이 좋다고 하면서, 다른 선생님들도 한 줄 평을 해줄 것을 요망하고, 수업전개방식의 개선방향을 꾸준히 모색해나가는 노력이 바람직하다고 제안하였다. 이에 대해, 공감을 표시하고, 특히 학년 초나 월례회의 시 각종 연수가 필요하며, 담임중심, 학년 중심의 학생지도와 인성교육을 장려하고, 교과중심의 적극적인 교과학습활동을 요청하였다.

이렇게 시간가는 줄 모르고 연찬회를 하다 보니, 벌써 한 시간 반이 넘어갔다. 이렇게 밖으로 나와서 워크숍을 진행하고 진지하게 논의하다보니 함께하고 의견을 모으는 뜻있는 시간, 보람 있는 시간이 되었음을 느낄 수 있었다.

잠시 동안, 주변 해안가를 산책하고 근처 예약된 횟집에서 회식이 진행되었다. 교장으로서, 3월 환영식에서 공식 전체 회식이후, 두 번째 전체회식자리가 되었다. 테이블마다 돌아다니며 소주며 맥주며 음료수며 생수며 원하는 대로 한잔씩 권하고, 소통의 시간을 마련하였다. 의사소통, 마음소통, 운수대통, 만사형통의 '통통통통' 건배사도 하였다.

여흥이 일자 노래방으로 잠깐 가서 이어가기로 하였는데, 생각보다 잘들 어울린다. 나도 동참하여 나의 1번곡 '돌아와요 부산항에'를 열창하였는데, 젊은 선생님 서 너 분은 어색한지, 출입문 계단 부근 의자에 앉아 있었다. 화장실 갔다가 오는 길에 같이 들어가자고 해서 들어왔는데, 그대로 가만히 앉아 있었다. 한곡씩 부르시기 어려우면, 함께라도 부르시라 권유하니, 나이 든 선생님, 초임 선생님 모두가 합창하게 되어, 모두가 하나 되는 의미 있는 자리가 만들어졌다.

두 시간 동안의 여흥이 끝나고 열시 경, 차집으로 안내하여 원하는 차 한 잔 씩 주문하게 하고, 나의 개인카드로 계산을 하였다.

열한시경, 숙소로 돌아와 보니, 간사님이 준비해온 컵라면이 생각났으나 배가 불러 별로 땅기지 않아, 잠시 쉬다가 12시경, 잠자리에 들었다. 어제 증도에서의 교장워크숍에 이은 오늘의 교직원 워크숍으로 피곤하였는지, 바로 잠이 들었다.

다음날 일곱 시에 기상, 체조와 명상, 샤워를 간단히 한 후, 북어해장국으로 식사를 하였다. 이슬비가 내리는 가운데 9시 반, 우드랜드로 출발, 열시경부터 열두시까지 탐방에 들어갔다.

정남진 편백숲 우드랜드는 장흥읍 억불산 자락 편백나무 숲속에 있는데, 피톤치드에 의한 아토피 등 피부질환, 스트레스, 면역력강화, 심신안정을 시키는 편백치유의 숲이었다. 다른 편백 숲에 비해서 비교적 잘 조성이 되어있었다. 황토흙집, 목구조집, 한옥 등의 숙박가능한 생태건축체험장, 디톡스, 솔트테라피, 원적외선 발생으로 현대인의 생활 질환 예방의 편백소금집, 편백생활용품 개발판매와 목공예 체험이 가능한 편백톱밥산책로와 나대자생식물원, 노약자나 장애우 등 누구나 쉽게 오를 수 있도록 억불산 정상(518미터)까지 '말레이길'(3.8킬로미터)이라는 등반길이 조성되어 있었다.

10시경 우드랜드 매표소를 지나 산책로로 접어들어 조금 오르니, "목재문화전시관"이 있어 둘러보고, 산책로를 따라 조성되어 있는 흙집·돌집 한옥들을 둘러보며, 등반길과의 갈림길에 이르러서, 기간제 사회선생님과 함께, 습한 날씨의 끈적거림을 피해보자는 생각에서 바람이 조금 부는 정자에 앉아지내다, 에어컨 바람을 쐬면 더 쾌적할 것 같아 음식점인 "수라간"으로 이동하여, 도토리묵을 먹으면서 이런 저런 이야기들을 하면서 1시간 정도 머물렀다. 산책로와 숲길을 따라 통나무집, 야외공연장, 목공예센터를 거쳐 주차장에 당도하였다.

약속된 열두시 경, 전세버스에 올라보니, 아직 몇 분이 도착하지 않았다. 특히 정상부근으로 등반한 선생님 세 분이 이십분이 넘어서도 도착하지 않아 걱정들이었다. 삼십분이 되어가니, 하나둘씩 미안한지 고개를 숙이고 버스에 오른다.

버스로 5분정도 이동하여, 삼합과 막걸리를 곁들여 점심을 들고, 순천을 지나 남원 학교에 도착하니 세시 반이었다.

이번 워크숍은 의미 있는 일임이 분명하였다. 교직원들과의 가까움을 느끼며, 일체감도 느끼는 일석 삼조의 효과가 있는 것 같다. 기회가 닿을 때마다 교직원들과의 만남과 대화 그리고 워크숍을 자주 가져야 하겠다.

그리고 다음에는 집사람과 같이 꼭 오고픈 마음이 들었다. 함께 편백소금집과 황토흙집, 삼림욕, 억불산 정상 등반 등을 통하여, 지친 심신을 달래고, 편안한 휴식을 하는 등 이 좋은 힐링 공간에서 더욱 다양한 체험을 즐겨보아야겠다.

인등산에서 행복을 꽃피우다.

2017년 4월의 마지막 토요일 이른 아침, 도통동 소재 집을 나서 직행버스, 고속버스, 전세버스를 번갈아 타고 정오 무렵, 충북 인등산에 있는 SK연수원 수펙스센터에 도착하였다.

본관인 행복관으로 들어가니, 앞면에 인등산을 안내하는 전시홀이 있다.

인등산은 충주 부근에 있는 산으로, 천지인 사상 중, 인에 해당하는 산이며, 북쪽의 천등산과 남쪽의 지등산과 함께 삼등산의 하나로 부른단다.

정감록에 따르면, 세 산의 흐름이 태극무늬를 이룬다고 하여, 세

산을 함께 묶어 삼등산이라 한단다. 이곳의 행복관과 함께, 연수원의 본부사무실과 회의장으로 쓰이는 미래관, 세미나실과 토론장으로 쓰이는 패기관이 이곳 연수원의 중심을 이룬다. 이외에도 관리실과 식당이 있는 자작나무동이 있고, 그 주위에는 금낭화, 도라지, 산수국, 산국, 원추리, 꽃창포, 구절초, 참나리, 은방울꽃광장, 노루귀, 매발톱, 용담, 범부채, 둥글레, 옥잠화, 바위솔, 꿀풀, 부처꽃, 기린초, 꽃향유, 수리취, 맥문동 등 자생식물의 이름을 가진 20여개의 숙소동이 있어, 이 모든 관들과 동들이 함께 하나의 마을을 이루어, 이른바 "행복마을"로 불리우고 있다.

점심식사는 한식뷔페로 하고, 숙소로 배정받은 수리취 동에 여장을 풀었다. 서울방향에서 오는 전세버스가 주말이라 길이 막혀, 1시간 정도 늦게 도착하는 바람에, 오후 2시가 다 되어서야 첫 일정에 들어갈 수 있었다.

이번 행복대학 워크숍 오리엔테이션 후, 첫 프로그램인 '인등산 트레킹'에서, 도보여행을 하며 세 가지 세부 프로그램을 진행하였다.

먼저 '보물찾기'에서는 보물 네 개를 찾아 세 개는 같은 조원들에게 나누어주고, 같은 조원 둘씩 짝지어 하는 '봉사놀이'에서는 눈을 검은 천으로 가리고 봉사 역할을 해보고, 반대로 봉사역할을 하는 짝을 안내하는 역할도 해보면서 서로의 입장을 느껴보기도 하였다.

'가위바위보' 게임을 통해서는 우리 조원들이 다른 조원들과 겨루어 승리함으로써 우리 조원들이 함께 승리감을 맛보는 등, 친목을 도모하고 협력과 단합의 계기를 마련하면서, 관계를 꽃피우고, 행복을 꽃피웠다. 그리고 주위의 선홍빛 복숭아꽃, 철쭉꽃, 산벚꽃들과 자작나무, 가래나무, 호두나무 군락들과 함께 어울리면서 자연을 꽃피웠다.

저녁때가 되어, 모듬별로 모여 바비큐로 식사를 한 후, 서울대 철학과 이석재 교수의 인문학 강의가 진행되었다.

이교수는 '어떻게 사는 것이 옳은 삶인가?'라는 주제를 제시한 후, 이에 대한 대답으로 단 하나의 정답이 있는 것이 아니라 질문 자체가 이미 수많은 답을 가정하고 있다면서, '나는 정말 무엇을 좋아하는가?'와 '나는 정말 무엇을 잘하는가?'를 각각 찾아내는 방법과 '좋아하는 것과 잘하는 것 중, 어떤 것을 선택해야 하는가?'를 결정하는 문제에 대해 논의를 전개했다.

먼저 좋아하거나 잘하는 것을 찾아내는 방법은 초기부터 스스로 생각하고 찾는 기회를 주어야 한다. 즉 처음부터 스스로 자기를 발견하는 기회를 많이 주어야 한다는 것이다. 그리고 좋아하는 것과 잘하는 것 중, 어떤 것을 선택해야 하느냐의 문제는 '자기 발견을 통해서 자기 스스로 발견해야 하는 과정'이라는 것이다.

'좋아하는 것을 하게 되면 잘하게 될 것이고, 잘하는 것을 하다 보면 좋아하게 될 것'이라는 가정을 세울 수 있는데, 상관관계를 보면, 대체로 정적 관계는 성립하지만, 항상 정적 관계가 성립하지는 않을 것이다. 따라서 우선적으로 좋아하는 것을 선택하여 하되, 경우와 형편, 사람 등에 따라서는 잘하는 것을 우선하여 선택해야 할 경우도 있을 것이다.

결국, 강의자의 견해대로, 자기의 발견을 통해서 자기 스스로 발견해야 할 과정이라고 본다. 그 비율 또한 개인이나 경우와 형편에 따라 다를 수 있다고 본다. 한마디로 몰입과 숙고를 통해 좋아하는 것과 잘하는 것, 양자의 조화와 통일이 이루어지는 방향으로 모색해 나가야 할 것이라고 나름대로 정리해 보았다.

이어 진행된 행복콘서트 1부에서는 '문학을 노래하는 밴드'로 유명한 "서율"그룹이 등장하여, '뷰티플 데이'를 시작으로, 백석 시인의 '사랑'과 관련한 내용, 김용택의 '사랑'을 노래한 시 '달이 떴다고 전화를 주시다니오', 이성복의 〈무한화서〉중에서 '시의 의미'와 관련한 내용, 최성원의 '제주도의 푸른 밤', 오은 시인의 '오늘 치 기분', 정호승의 '봄길', 심보선의 '좋은 일들'을 자작곡한 곡들을 부르고 나서, '벚꽃앤딩'으로 마무리를 지었다.

여기서 느낀 점은 사랑과 행복, 아름다움과 같은 긍정정서가 담긴 시나 글들의 내용을 자작곡하고 노래함으로써 예능활동을 통해 긍정정서들을 몸과 마음으로 체득하는 활동을 하는 '서율'그룹이 매우 부러워 보였다는 점이다.

콘서트 2부에서는 모둠별 장기자랑과 게임이 밤늦게까지 이어졌는데, 놀이게임에서 함정에 한번 걸린 나는 벌칙으로 엉덩이로 글씨쓰기를 하여 주위를 웃음바다로 만들었다. 어떻든 동료들과 함께 어울리면서, 즐거움과 행복감을 공유할 수 있어 좋았다.

끝나는 아쉬움을 뒤로 하고 숙소로 돌아오니, 인원수 13명에 맞추어 13개의 캔 맥주와 마른안주 3묶음이 준비되어 있었다. 응접실 탁자에 둘러앉은 우리는 이른바 "행복 가교"라 불리는 행복교육모임 성격의 사단법인 설립에 관한 얘기를 나누는 등, 시간 가는 줄 모르고 여담을 즐겼다. 한시가 넘으니, 잠이 쏟아져서 화장실 가는 척 빠져나와, 휴대품을 놓아두었던 방으로 가, 곧바로 잠에 빠져 들었다.

다음날, 이른 아침 기상하여 샤워를 하고, 어제의 소감문을 간단히 작성한 다음, 잘 우려낸 북어국을 곁들여 아침식사를 마쳤다.

9시부터 본관 앞 잔디밭에서 진행된 체조와 명상 프로그램을 따라하며, 심신을 이완하고 호흡의 안정을 기하였다. 예전에 단학과 국선도를 조금씩 하여서 그런지 비교적 수월하게 따라 할 수 있었다.

단학과 국선도는 우리나라의 가장 오래된 심신훈련법이며, 단전호흡과 명상은 최근으로 올수록 서양에서도 관심을 가지고 학자들의 주 연구대상이 되고 있는 분야이다.

이어 서울대 심리학과 최인철 교수의 긍정심리학 강의가 이어졌다. 어제 이석재교수의 강의주제와 관련된 내용으로, 좋아하는 일과 잘하는 일이 일치하지 않는 경우를 비유하고 있는 '실존의 비극'이라는 주제였다.

결론은 이렇다.

"좋아하는 일을 하는 것이 잘하는 것을 하는 것보다 더 중요하다."

"피할 수 없다면 즐겨라"

"네가 하는 일을 사랑하라"

이런 결과는 성인인 공자나 예수님이 설파한 내용과 그 궤를 같이한다.

아울러 좋아하는 일과 잘하는 일과의 상관관계는 r= .56으로, 지능과 성적과의 상관관계 r=.6과 비슷하게 정적관계라는 것과 인간에게 가장 중요한 세 가지 주제, '자아결정이론'의 자율성, 유능감, 관계성에 대한 설명도 곁들여 들을 수 있었다.

강의 후, 다시 본관 앞 잔디밭으로 나와, 모듬별 사진과 전체사진을 촬영하고, 모듬별로 모여 담소하는 '행복나눔'과 점심식사를 함께 하면서, 이번 만남의 마지막 관계를 꽃피우고 행복을 꽃피웠다.

오후 1시경, 다음 달 중순, 서울대에서의 만남을 기약하고, 저마다의 집을 향해 서울행 혹은 대전행 전세버스에 올랐다.

1박 2일의 일정, 행복 주파수가 맞는 사람들끼리의 만남, 이른바 행복대학 동기들과 선배들과의 만남으로, 여기서는 전라도와 경상도의 구별이 의미가 없어 보였다.

이번 워크숍을 마치면서 중요하게 느낀 점은 '자기 자신이 누군지를 발견하고, 자기 자신의 인생설계와 함께, 사랑과 행복을 추구하는 노력이 제일 중요하고도 필요하다는 것을 인식하고, 그 과정들을 교육대상들에게 가르치는 것이 바로 행복교육이다' 라는 것이다. 그리고 좋아하는 일과 잘하는 일의 2대 주제에 대한 논의와 고찰도 나에게는 의미있는 내용이었다.

인등산 워크숍은, 그야말로 인재의 숲으로 불리우는 인등산에서, 자연을 꽃피우고 관계를 꽃피우고, 행복을 꽃피운 감동의 날들이었다.

행복은 이미 당신입니다

행복이란 '자발적으로, 오감 활동을 통하여, 관계성 속에서 경험하는 즐거움, 의미, 몰입의 주관적 상태'이다.

이 행복은 하루하루의 좋은 일상의 결과로 경험되는 것이다.

행복하다고 하는 순간은 즐거운 순간과 의미 있는 순간이면서 동시에 무슨 일을 하든지 거기에 몰입되어 있는 순간이다. 따라서 행복한 삶이란 '신나는 즐거운 삶, 자기를 성장시키고 남을 배려하고 사회에 공헌하는 의미 있는 삶, 그리고 그런 일들을 하면서 자기가 하고 있는 일에 몰입하는 삶'이다.

행복의 관점은 주관적인 관점과 사회심리학적·객관적 관점으로 나누어 생각해 볼 수 있는데, 주관적 관점에서의 행복은 감정적인 즐거움. 쾌락 등 심리적 요인을 중시하는 쾌락주의적 접근으로, 단순한 감각적 즐거움으로 주관적 안녕감이다.

그 요소로는 삶의 만족감, 부정적인 감정경험 빈도, 긍정적인 감정경험 빈도를 들 수 있다.

이에 반해, 사회심리학적·객관적 관점에서의 행복은 쾌락이 좋은 가치를 실현하고 잠재되어있는 능력을 발휘하고 덕을 쌓는 조금 더 자기실현적인 올바른 행위로부터 나와야된다는 도덕주의적 접근으로, 고차적 즐거움, 환희, 도덕주의적 행복, 자기실현적 행복의 관점이다. 그 요소로는 삶에 대한 올바른 목적(삶의 의미), 자기 주변의 환경 통제능력(완숙함, 탁월함 경험), 좋은 대인 관계(positive relationships), 인간적 성장(personal growth, 실력과 경험 쌓음), 자율성(autonomy, 주인 되는 삶), 자기수용(self acceptance)이다.

넓은 의미에서 볼 때, 행복에 영향을 주는 요인은 첫째, 생물학적 유전적인 요인(50%) 즉 기질적 영향으로, 성격 중 특히 개방성(열린 마음). 성실성(모범성), 외향성, 항상 동의할 가능성(참 좋은 착한 사람), 불안, 짜증, 불만의 감정이 적은 성향이 작용 한다.

둘째, 환경적 상황적 요인(10%) 즉 객관적인 삶의 질로, 건강상태, 경제적인 상태, 사람들과의 관계 등의 내가 경험하는 삶의 질과 함께, 우리나라 정부의 상태, 신뢰 사회인지 부패 사회인지 등 사회의 질도 중요한 부분이다.

셋째, 심리적 습관적인 요인(40%) 즉 내 마음의 문제, 관점의 문제와 생활방식의 문제, 습관의 문제 등이다.

행복에 영향을 주는 요인들이 많이 있는데, 그 중에서 마땅히 관심을 기울여야 하는 대상들에게 관심을 기울이는 연습을 할 필요가 있다.

내 행복에 유리한, 내 삶에서 재미와 의미를 느끼도록 도와주는, 내가 보지 못했던 것을 보도록 만들어주고 눈을 뜨게 하는 연습을 하는 것이다. 그게 그 순간의 개인에게는 가장 중요한 요소이기 때문이다. 결국 행복교육이라는 것은 눈을 뜨게 하는 것이다. 좋은 것에 주목하도록 만들고, 행복에 부정적인 영향을 주는 것에는 눈을 감도록 만드는 그런 연습이라고 할 수 있다.

우리의 관심을 나에게 행복감을 주는 요소에 계속 오래 머무를 수 있도록 관심을 돌릴 수 있으면 행복감은 더 오래 갈 수 있다. 예를 들어, 결혼이라는 것 자체가 행복을 주는 지속적인 영향력이 제한되어 있는 게 아니라, 결혼으로부터 행복을 이끌어 내는 나의 관심이 문제인 것이다. 그런 능력을 개발하도록 하는 것이 긴요하다, 예를 들어, 명상을 통해서 말이다.

행복을 연구하는 관점에서 보게 되면, 내가 스스로 얼마나 행복한지를 느끼고 판단하는 경우, 그 판단을 내릴 당시 나의 관심이 어디에 있었는지가 중요하다. 행복한 삶을 살기 위해서는 '내 인생에서 바로 앞에 던지는 관심, 늘 가지고 있는 관심' 즉, 현재 나의 관심을 끄는 것, 지금 내가 생각하고 있는 것이 중요하다.

행복에 있어서 가장 근본적인 주제 즉, 주관적인 행복한 삶의 조건은 첫째, 긍정적인 관점(마음가짐, 태도)이다. 행복은 긍정적인 관점에서 시작한다. 내 인생을 평가할 때, '어떤 관점으로 볼 것인가', '어떤 마음'으로 살고 있느냐, 나는 지금 어떤 마음인가, 내 마음 상태는 어떠한 가'에 항상 질문을 던져야한다. 이 핵심요인에는 올바른 마음가짐, 범사에 감사하기, 비교하지 않기가 있다.

둘째, 목표의 추구이다. 행복은 일의 의미를 음미하고 올바른 목표에 몰입하는 과정에서 경험할 수 있다. 나는 '무슨 일'을 하고 있는가? 무엇을 추구하고 있는가? 이 핵심요인에는 비전과 목표의 중요성, 일의 의미 찾기, 일에 대한 음미와 몰입 등이 있다.

셋째, 좋은 관계이다. 행복은 관계에 있다. '누구와 관계하고 있는가?', 행복인과 불행인의 가장 큰 차이점은 따뜻한 인간관계와 물질주의이다. 결국 인생을 살면서 관심을 사람에게 두어야 한다, 다른 어떤 것들보다도 인간관계가 중요하다. 이 핵심요인에는 관계 돈독히 하기, 나누고 베풀기, 용서하기가 있다.

행복을 열어가는 핵심요인은 첫째, 바른 관점이다. 행복은 마음에 달려있다, 행복한 사람과 불행한 사람 간에는 해석의 차이, 관점의 차이가 있다. 태도가 달라야 한다, 보는 게 달라야 한다, 높은 곳에서 바라보아야 한다.

둘째, 감사하기이다. 감사는 인생의 시크릿이다. 현재 나에게 주어진 것에 대해 당연시하지 않고, 특별하게 여기는 마음가짐이다. '감사노트쓰기'가 중요하다

셋째, 비교하지 않기이다. 행복의 최대의 적은 남과 비교하기이다. 비교를 통해서는 누구도 행복해질 수 없다. "행복은 이미 내 손에 존재 한다"고 간주한다.

넷째, 목표의 설정과 공유이다. 목적이 이끄는 삶이 행복하다, 비전과 목표를 이미지화하고 현실처럼 인식하고 성공 감정을 갖는다.

다섯째, 현재의 일을 충분히 만끽하고 음미하기이다. 행복에 이르는 비법은 현재, 여기에 관심을 두는 일이다. 예를 들어, 여행은 재미와 의미를 동시에 준다, 여행의 기쁨은 벗어나는 재미이다. 걷기, 먹기, 놀기, 말하기가 여행에 다 있다. 소유보다 경험을 위한 소비가 중요하다. 이야기 거리를 만들어낼 때, 행복해지기 때문이다. 행복은 경험의 이력서에 비례한다.

여섯째, 몰입하기이다. 일과 목표에 집중할 수 있는 마음이 행복하다, 행복은 몰입이다. 질주하라, 미쳐야 된다. 미쳐야 미친다. "나는 지금 드리븐되어 있는가?", "나는 요새 실력이 좀 느는 것 같아", "아! 이제 좀 보이기 시작한다", 좋아하는 일이나 가치 있는 일에 푹 빠져서 자신의 능력을 개발하고 발휘하는 것, 자기성장에 적극 노력한다.

일곱째, 관계를 돈독히 하기이다. 행복은 사이에 있다, "누구와 함께 있느냐?"가 중요하다. 행복은 전염된다, 행복한 사람은 인간관계

가 좋고 많다. “행복하고자 한다면, 행복한 사람과 함께하라”, “주변에 선한 영향력을 주는 것이야말로 진정한 행복”이다. 행복을 위해서는 명상하고 감성지능을 높이는 것은 기본이고, 주변과의 좋은 관계가 필수이다.

여덟째, 나누고 베풀기(봉사)이다. 내가 행복해지는 가장 좋은 길은 남을 행복하게 하는 것이다.

아홉째, 용서하기(사랑)이다. 자신과 남에 대한 용서는 자신에게 주는 최고의 선물이다.

행복의 구체적인 형태와 감정에는 즐거움(Joy), 평온함, 감사함, 지속적 관심(몰입), 희망감, 성공감, 자부심, 자긍심, 오락적 재미(Amusement), 감동, 경외감, 사랑(가장 중요한 형태와 감정)이 있다.

행복을 열어가는 마음 관리 방법 1단계는 주의집중훈련이다. 평온하고 명료하고 침착한 정신상태, 마음을 평온하게 하면 지속적인 기쁨에 이를 수 있다, 마음의 평정심을 유지하면 행복해진다, 마음의 평온에 행복이 있다. 행복은 마음가짐이다.

2단계는 마음챙김훈련이다. 순간 여기에 집중하는 것, 집중이 달아나려면 다시 집중하여 마음의 근육을 키운다. 이것이 행복의 심오한 방법이다. 그리고 자기인식훈련을 통하여 고통에서 벗어나 자유로워진다. “나는 화가 났다”가 아니라 “내가 분노를 경험하고 있다"로 바꿔야 한다. "내 생각은 내가 아니다.", "나는 내 생각의 주인이다"를 깨닫기이다.

3단계는 바람직한 정신습관훈련이다. 친절과 자비, 감사, 용서, 봉사, 행복을 빌어주기 등 좋은 정신습관 만들기이다. 그리고 행복은 마음에 있는 동시에 몸에 있다, 몸과 마음은 밀접한 관계에 있다, 몸 관리도 마음관리와 함께 필수적이다. 마음과 행동은 상호작용한다, 습관이 성격이 되고, 인격이 되고, 결국 자기 자신이 된다. 생각(마음가짐) 하나만 바꾸면 행복해질 수 있다.

결론적으로 '행복하면 정말 좋은 일이 일어난다', '건강, 장수, 좋은 인간관계, 좋은 결혼생활은 인생에서 중요한 자원이 된다.' 긍정은 좋은 것들의 결과이면서 동시에 좋은 것들을 만들어내는 원인으로 작용한다.

장영희는 에세이 '내가 살아보니까'에서 '실속을 차리는 삶을 살아라'라고 말한다. 먼저, '열심히 노력해서 실력을 쌓으라'. 행복은 결코 감정적인 즐거움만이 아니다. 또한 '진지하게 놀아서 경험을 쌓으라', 경험이 소유보다 중요하다. 우리 인생의 대부분의 주제는 소유가 아니라 경험이다. 그리고 '사람을 진심으로 대해서 덕을 쌓으라'고 말한다.

"행복은 '무엇'의 문제가 아니라, '어떻게'의 문제이다."

"행복은 목표가 아니라 연습(습관)이다"

"행복은 인생의 기초체력이다"

행복에 이르는 길은 지속적으로 실천하는 것이 중요하다, 생각과 주파수를 행복(바른 마음가짐, 목표와 일, 좋은 관계 등)에 맞춰라.

행복도 전염된다.

리더가 행복해야 조직원이 행복하다.

교장이 행복해야 선생님들이 행복하다.

선생님들이 행복해야 학생들이 행복하다.

좋은 리더가 되는 것이 구성원에게 행복을 주는 것이다.

내가 행복을 추구하는 궁극 목적은 내 주위를 행복하게 해주는 것이다.

그리고 행복은 일상에 있다, 행복은 특별하지 않다. 일상의, 일상에 의한, 일상을 위한 행복이다. 행복은 분명 소중하지만 특별한 곳에 있는 것이 아니라 바로 우리 일상 속에 있는 가치이다.

행복은 이미 당신입니다

행복은 멀리 있지 않습니다
일상의 소소함에 있습니다

행복은 습관입니다. 부단히 노력하고
연습하면 얻을 수 있는 결과물입니다

행복은 적극적입니다. 스스로 선택하고

만들어가는 아름다운 작품입니다

행복은 좋은 관계를 통하여 옵니다
가까운 사람에게 바이러스처럼 전파됩니다

행복은 끊임없이 추구하는 소망입니다. 변함없는 믿음입니다
하염없이 주고 싶은 사랑입니다

행복은 즐거운 당신입니다. 몰입하는 당신입니다
성취하는 당신입니다. 행복은 이미 당신입니다

3부

보고, 듣고, 느끼며 생각하며

9박 11일간의 꿈

프롤로그

지금까지 내가 해외에 나간 경험은 중국 2회, 일본 2회 밖에 없다.

중국은 장가계에 문학기행으로, 북경과 서안에 교장자격연수로 다녀왔고, 일본은 오사카와 나라에 한민족사탐방연수로, 교토대학에 한일교육행정학회세미나로 다녀왔다.

따라서 9박 11일간의 북미여행은 내게 다섯 번째 해외여행이다.

5년 전, 남원교육지원청의 전문직들이 이른바 '뉴욕팀'을 구성하고, 매월 10만원씩 5년 동안 저축하여 그 원금과 이자로, 미국과 캐나다 동부지역을 가게 된 것이다.

세계 제1의 국가, 그 중에서도 세계의 중심지, 미국 하면 대명사처럼 떠오르는 도시, 뉴욕 그리고 그 속의 맨허튼도 간다.

2016년 8월 6일 토요일 오전 2시(한국시간), 이번 여행을 위해 세트로 구입한 여행용 가방 2개, 손가방 1개에 단단히 중무장을 하고 집을 나서, 남원고속버스터미널 맞은편에 정차되어 있는 리무진 전용차량에 몸을 실었다.

이 자율연수를 위해 기다린 시간이 너무도 길어서 더 큰 기대감이 있다.

언제 또 다시 가기 힘들 것 같은 미국과 캐나다 동부지역!

9박11일의 일정은 이렇게 시작됐다.

전주역과 봉동 간이정류장을 거쳐 새벽 6시경에 인천에 도착했다.

인천국제공항 근처의 해장국집에서 아침 식사를 하고, 7시 출국수속을 밟기 시작하였다. 여행 가방을 화물로 보내고, 마일리지 신청, 1기가바이트짜리 해외로밍, 8시 출국장 도착, 10시 국적기인 대한항공 항공기 중에서 가장 크다는 570명 수용의 A380 보잉 777기에 탑승하였다.

기내의 작은 유리창으로 인천공항을 뒤로 하고 10시 50분이 다되어, 드디어 항공기가 떴다.

장장 13시간의 긴 직항로를 달려갔다.

2번의 식사(비빔밥, 비빔국수)와 2번의 간식(김밥과 컵라면)과 음료를 제공받고, 좌석 앞 스크린에서 영화와 뉴스, 비행정보 동영상을 보거나, 자고 일어나기를 반복하다가, 한국어와 영어로 도착을 알리는 기내방송에 시간을 보니, 2016년 8월 6일 오전 11시 30분(미국 뉴욕 현지시간)이다.

시차는 무려 13시간이나 늦다.

뉴욕의 케네디(JFK) 국제공항의 입국 수속은 예상한 것 보다 훨씬 까다로웠다.

특히 미국을 처음 방문하는 여행객은 얼굴과 열 손가락을 스캔하여 저장하기 때문에, 시간이 많이 걸린다는 것을 대기 줄에서 오랫동안 기다리면서 알게 되었다.

원래에도 미국 입국이 어렵고 힘들었는데, 지난 9. 11 테러사건 이후 미국의 모든 국내외 항공기 탑승과 입출국은 더욱 철저해지고 까다로워졌다는 주위 방문객들의 이야기를 들을 수 있었다. 또한 의심이 나면 끝까지 질문하고 확인하기 때문에, 간혹 통과하지 못해서 시간이 늦어 모든 일정이 깨지는 경우도 있다고 하니, 이해할 만하다.

여행 가방을 찾아가지고 나가니 '내일관광'이라는 팻말을 든 미국 담당 가이드가 기다리고 있다. 미국 현지의 '푸른투어' 여행사 소속 가이드인데, 그리 정이 가지 않는 느낌이 드는 것은 왜 일까?

드디어 케네디 공항을 나와, 여행기간 동안 우리와 같이 할 전용버스에 몸을 실었다.

첫째 날(2016. 8. 6. 토)

◆ 뉴욕 센트럴파크

금강산도 식후경이라, 한인 타운에 있는 식당으로 가서 순두부찌개로 점심을 때운 후, 맨허튼 중심에 있는 공원 센트럴파크를 도보투어 하였다. 센트럴파크는 뉴욕의 심장부에 자리한 미국 최초의 인공공원이다.

돌과 습지뿐이라서 사람이 살지 못할 척박한 땅에 수십만 수레의 흙을 실어다 덮고 그 위에 50만 그루의 나무를 심어 조성한 뉴욕의 허파 같은 곳이다.

1850년대에 황무지를 공원으로 바꿀 계획을 세우고 원주민들을 이주시키는 등 문제를 해결하고 공원을 완성한 것은 1백년의 세월이 흐른 1960년 대였다. 즉 센트럴파크는 1백년이라는 한 세기에 걸쳐 완성된 공원인 것이다.

센트럴파크는 사람이 만든 최고의 숲이다.

처음에는 뉴욕사람들이 휴식도하고 여가를 즐기며, 운동을 하고 연인들의 데이트장소로 사용되었다. 따라서 센트럴파크는 뉴욕사람들의 삶 자체라고 볼 수 있었다.

그러던 것이 이제는 세계적인 관광명소가 되어 여행객들에게 뉴욕의 대표적인 관광코스가 된 셈이다.

맨허튼의 하늘을 찌를 듯한 빌딩들은 센트럴파크가 있었기에 아름다운 공원을 둘러싸고 빌딩들이 하나 둘씩 건축되면서 사람이 만든 나무숲을 중심으로 빌딩숲이 생겨난 셈이었다.

1백만평이 넘는 센트럴파크를 걸어서 둘러본다는 것은 무리일 수밖에 없다.

시간을 넉넉하게 잡아 하루를 꼬박 들여 돌아본다면 몰라도 짧은 시간에 몰아서 보고 싶다면 자전거를 빌려 타거나 마차를 타거나 피대캡이라고 하는 자전거택시를 이용할 수밖에 없다.

센트럴파크를 걷다보면 아름다운 공원에 옥의 티라고 볼 수 있는 말똥을 종종 만나게 되는데 마차가 다니고 있기 때문이다.

우리 일행은 일정이 빠듯하여 대강만 둘러볼 수밖에 없었다.

주마간산走馬看山이라는 말이 딱 맞을 것이다.

하긴 걸어서 센트럴파크를 답사하지 않는 이상 무엇을 이용하건 주마간산이긴 마찬가지겠지만.

공원 안에서는 다른 사람을 전혀 의식하지 않는 자유스러운 행동을 여기저기서 볼 수 있었다.

젊은 남자들 몇 명은 웃옷을 벗고 달리기도 하고, 간혹은 타이에 정장을 한 사람도 있고, 우리로 보면 노숙자들인 듯한 사람들이 허름한 차림인데도 유쾌하게 웃으며 떠들고 있다.

센트럴파크의 뉴요커들은 모두가 똑같은 사람들이었다.

잘 난 사람도 없고 못난 사람도 없어 보였다. 좋은 옷을 입었다고 으스대지도 않았고 헐벗은 사람이라고 위축되지도 않는 모습이었다.

사람이 누릴 수 있는 자유의 모습을 저마다 연출하고 있었다.

자전거택시와 마차를 타고 주마간산을 하는 사람, 자전거를 탄 사람, 팬티차림으로 달리기를 하는 사람들에게 가운데 길을 양보하며 가장자리로 천천히 걸어가는데, 영국의 팝가수 존 레넌을 기념하는 장소에 많은 관광객들이 모여서 사진을 찍는 것이 인상적이었다.

팝송에는 별로 관심이 없어 그냥 지나가려고 하는데, 여자동료들의 부탁으로 몇 장의 사진을 찍어주었다. 다시 몇 걸음 걸어가는데 몇 명의 흑인들이 호수가 있는 광장 옆에서 길거리 차력 공연을 하고 있었다. 정통 차력사는 아닌 것 같았고, 차력의 흉내를 내면서 모여든 여행객들에게 웃음을 선사하고 있는 광경이 볼거리를 제공하고 있었다.

이날 이곳 날씨는 우리나라의 한여름 날씨보다 2~3도 낮고, 습도도 약간 낮아 관람에 큰 어려움은 없었다.

주마간산이 아니라 고속철을 타고 달리듯이 훑어 본 센트럴파크를 나오면서 문득 한 생각이 뇌리를 스쳐갔다.

'사람이 사는 곳에는 나무가 있어야 한다. 사람이 사는 곳에는 물이 있어야 한다'

센트럴파크 안에 호수가 없었다면 나무가 제 노릇을 할 수 있었을까?

뉴욕이, 맨허튼이 하나의 거대한 시멘트덩어리에 불과했을 것이다.

◆ 컬럼비아대학교

이어 방문한 뉴욕 컬럼비아대학교는 미국 동부 8개의 명문 사립대학인 아이비리그에 속하는 대학으로, 뉴욕에서 유일하게 캠퍼스가 있는 학교라고 가이드가 설명해 준다.

뉴욕주 뉴욕시의 자치구인 맨허튼에 둥지를 틀고 있는 컬럼비아대학교는 미국이 독립하기도 전인 1754년에 당시 미국을 지배하고 있던 영국왕 조지2세의 허가를 받고 킹스대학으로 설립되었다.

30년이 지난, 미국독립전쟁후 1784년 컬럼비아단과대학으로 대학명칭을 변경하였고, 이후 우여곡절을 겪어 컬럼비아종합대학교라는 명문대학교가 되었다.

미국 최초의 흑인대통령 버락 오바마가 졸업한 컬럼비아대학교는 루스벨트, 프랭클린 등 대통령을 배출하였으며 교수진과 졸업생 가운데 1백명이 넘는 노벨상 수상자가 나올 만큼 명문 중의 명문이다.

또한 컬럼비아대학교는 미국의 신문왕 퓰리처가 제공한 퓰리처기금을 관리하며 해마다 퓰리처상의 수상자를 결정하고 시상하며 상금을 지급하기도 한다.

컬럼비아대학교는 학생수 비례 교수의 숫자가 많기로 소문난 대학이다. 학생과 교수의 비례가 6:1이라하니, 교수가 학생의 적성은 물론 인성까지 제대로 파악하여 가르치니, 입으로 떠들지 않아도 참 교육은 저절로 이루어질 것이 아닌가.

컬럼비아대학교는 학비가 비싸기로도 유명한 대학이다.

1년에 7만 4천불정도를 납부해야 한다. 한화로 따지면 1억에 가까운 금액으로 결코 적은 돈이 아니다.

그렇다고 마냥 걱정할 일만은 아니다. 본토학생들은 본토학생들대로, 유학생들은 유학생들대로 장학금 또한 후하게 지급된다. 순전히 성적 위주로 지급되는 장학금이 아니라서 일단 합격하고 나면 장학금제도를 잘 살펴보고 자신에게 해당되는 항목으로 신청하면 심사하여 최고 6만불 이상의 장학금을 받을 수 있다.

가이드의 설명을 들으면 우리나라 유학생 가운데도 순전히 장학금만으로 컬럼비아대학교에 재학하는 학생들이 있다고 했다. 왠지 가슴이 찡해지면서 자랑스러운 생각이 들었다.

기왕에 세계의 명문대학을 졸업했다면 그만큼 조국의 명예를 빛낼 수 있는 뛰어난 인물이 되었으면 좋겠다는 욕심이 들었다. 설령 명문대를 나왔다고 한들 그 명예가 오직 자기 자신만이 잘 먹고 잘 사는데 사용된다면 무슨 의미가 있는가?

미국의 대학들은 건물에 학교를 뜻하는 현수막 혹은 기를 걸어놓아 그것이 대학인지 안다는데, 드넓은 캠퍼스가 있다는 것만으로도 컬럼비아대학교는 명문대학교로서 자격이 충분한 셈이다.

건물에 현수막을 걸어놓고 대학이랍시고 졸업생을 배출하는 대학들은 양계장에서 닭을 길러내듯이 학생들을 교육하고 있다는 생각에 혼자서 실소를 머금었다.

미국최초의 흑인대통령을 배출한 대학이라는 생각에 새삼 컬럼비아대학교가 돋보였다. 인종의 벽을 뛰어넘은 대통령을 배출했다는 것만으로도 컬럼비아대학교의 인성교육이 뛰어남을 알겠다.

컬럼비아대학교는 특히 법학대학원과 의과대학이 명문중의 명문으로 정평이 나있다.

법학대학원은 국제법과 회사법분야로 이름을 떨치고 있는데, 미국로스쿨 가운데 대형로펌에 취업률이 가장 좋으며 높은 연봉을 받는 걸로도 유명하다. 또한 미국 로스쿨 중 세 번째로 많은 7명의 연방법원대법관을 배출하기도 한 곳이다.

본 캠퍼스에서 8km 떨어진 곳에 있는 워싱턴 하이츠 캠퍼스에 따로 자리 잡고 있는 의과대학은 미국에서뿐만 아니라, 세계에서 가장 유명하고 시설이 우수한 의과대학 7위에 오르기도 할 만큼 명문대학으로 자리매김하고 있다.

1767년에 개교한 역사와 전통이 있는 컬럼비아대학교의과대학은 역사와 전통에 부끄럽지 않을 선진의술의 개발 및 선도에 앞장서고 있다. 한편 의사학위를 미국에서 가장 먼저 수여하여 의사로서의 명예와 책임을 자각하게 만든 대학이기도 하다.

개교 3백년이 가까운 컬럼비아대학교의 캠퍼스와 여러 시설을 둘러보고 돌아 나오는데 자꾸만 우리나라의 대학들이 뇌리를 스쳐갔다.

소위 일류대학교라고 명명된 대학교들은 그 이름에 걸 맞는 인재들을 배출하고 있는가?

소위 일류대학교라고 명명된 대학교출신들은 그 출신에 걸맞을 만큼 국가와 이웃을 위하여 공헌하고 있는가?

노벨상수상자 하나도 배출하지 못하고 있는 우리나라 대학교육의 현실을 생각하자 가슴이 답답해지는 것은 어쩔 수가 없었다.

◆ 링컨센터와 줄리어드학교

뉴욕이 명실상부한 미국의 문화 예술의 심장임을 알게 해 주는 2개의 건물, 링컨센터와 줄리어드학교는 연이어 붙어 있다.

링컨센터는 뉴욕이 문화생활을 즐길 수 있는 최고의 도시라는 명성에 걸 맞는 역할을 담당하고 있다고 보아도 될 것이다. 록펠러재단이 주관하여 기금을 마련하여 링컨광장에 건립하였다.

링컨센터는 오페라, 음악, 뮤지컬 등 공연예술의 10개 단체에서 공연을 할 수 있도록 설계된 공연장 중심으로 짜여져있다. 텔레비전에서만 보았던 뉴욕필하모니가 연주를 하는 곳도 링컨센터공연장이었으며, 1년 내내 연극공연을 하고 전시장에서는 1년 내내 미술작품전시회가 열리는 곳이 링컨센터였다.

또한 링컨센터를 중심으로 숍, 레스토랑, 도서관, 학교 등을 갖춘 예술복합단지 노릇을 제대로 하고 있다.

바쁜 일정 때문에 링컨센터에서 정작 보아야할 공연은 못 보고 겉모습만으로도 감탄하며 사진 몇 컷 남기는 것이 전부였지만, 언젠가는 넉넉한 시간을 가지고 와서 좋은 공연 몇 편은 꼭 보아야겠다는 욕심을 가져 보았다.

우리가 흔히 알고 있는 줄리어드음악학교는 정확하게 말하면 줄리아드학교음악학과라고 해야 옳겠다.

줄리어드학교는 링컨센터에 자리하고 있으며, 1905년 뉴욕공립학교의 음악교사 프랭크댐로시에 의해 '음악예술연구원'으로 설립되었다. 몇 차례의 우여곡절을 거쳐 줄리어드음악학교로 불리다가 줄리어드학교로 이름이 바뀌었으며, 공연예술분야를 포괄하게 되었다. 따라서 줄리어드학교에는 음악학과 외에도 무용학과, 드라마학과 그리고 재즈학연구소가 개설되어 있다.

줄리어드학교에서는 철저히 실기위주의 교육을 하는데, 아침 9시부터 저녁 9시까지 12시간을 꼬박 훈련하는 것이 기본이라 한다. 실기 위주의 교육으로는 세계적으로도 명성이 자자하다.

우리나라의 음악가 중에는 백건우, 정명훈, 정경화, 장한나 등이 이 학교 출신이라고 한다.

숙소로 가는 중간에 한인식당에서 저녁식사를 하고, 뉴욕의 비싼 물가 때문에, 뉴욕에 인접한 뉴저지주의 클린턴 호텔로 가서 해외연수 첫 여장을 풀었다.

이번 동행한 동료들과의 첫 미팅이 이루어졌는데, 점심과 저녁식사, 그리고 동행한 여행사 사장과 가이드의 투어진행방식에 대한 성토의 장이 토론의 주를 이루었다.

둘째 날 (2016. 8. 7. 일)

◆ 워싱턴백악관

오늘은 워싱턴D.C를 둘러보는 날이다.

워싱턴D.C는 미국의 어느 주에도 속하지 않는 독립된 행정구역으로 미국의 수도인데, 정식 명칭은 '컬럼비아특별구'이다. 1790년에 조지 워싱턴대통령이 이곳을 수도로 정하고 프랑스건축가 피에르랑팡을 초청하여 설계를 맡겨 조성한 철저히 계획된 계획도시이다.

워싱턴D.C에는 백악관. 펜타곤. 연방의사당 등 미국정부의 중요기관이 자리 잡고 있고, 세계 174개국의 대사관이 터를 잡고 있는, 말 그대로 세계 정치의 중심지라고 볼 수 있겠다.

워싱턴D.C의 상징물 같은 워싱턴기념탑은 높이가 169미터인데,

이후 그 이상 높이의 건축물은 들어설 수가 없도록 법으로 못을 박아 놓았다.

5시 30분, 모닝콜이 울리고 6시 30분에 이어진 호텔 내 아침 식사는 계란, 야채와 과일로 간단히 해결하고, 7시 20분, 전용버스에 탑승 후, 델라웨어 메모리얼 브리지를 건너, 매릴랜드 주도인 볼티모어를 경유, 4시간 30분을 이동하여 12시 경, 세계정치의 심장부 워싱턴 D.C에 도착하였다. 양식 뷔페로 중식 후에 백악관으로 갔다.

백악관은 존애덤스대통령 이후의 모든 미국대통령이 관저로 사용해 왔으며 워싱턴에서 가장 오래된 연방건물이다. 오랫동안 미국의 중요한 명승지 노릇을 한 백악관은 모두 130여개의 방으로 이루어져 있는데, 매년 미국을 비롯한 세계 각국에서 몰려온 150만 명의 관광객이 다녀가고 있다.

미국의 대통령 관저를 백악관이라 부른 이유는 회백색의 사암건물이 주위의 빨간 벽돌건물과 대조를 이루기 때문이라는데, 1902년 시어더어 루스벨트대통령이 'white house'라고 건물의 공식명칭을 정했다. 이후 화이트하우스로 불린 백악관은 내셔널캐피털공원의 일부이며 1988년 건물 자체가 박물관으로 승인될 만큼 역사가 깊은 곳이다.

이런 예비지식을 가지고 백악관 앞에 도착하니, 텔레비전 뉴스에서 수없이 보아왔던 예의 하얀 건물이 무뚝뚝한 표정으로 맞아준다.

버스에서 내리기 전에 문득 영화 슈퍼맨의 한 장면이 뇌리를 스쳐갔다.

악당으로부터 위기에 처한 미국을 구하고 성조기를 백악관 지붕에 꽂는 슈퍼맨의 당당한 얼굴이었는데, 그 모습이 마치 미국은 어떤 악당이라도 물리칠 수 있다는 힘의 과시처럼 보였었다.

어쩌면 미국은 세계의 슈퍼맨 노릇을 하고 싶어 하는지도 모르겠다는 생각이 스쳐갔다.

백악관 울타리 밖에는 세계에서 모인 관광객들로 엄청나게 혼잡을 이루고 있었다. 그런데도 모두 다 쇠창살로 만들어진 담벼락에서 사진을 찍는 것으로 만족하는 표정들이었다. 그 모습만으로도 이 나라가 개인의 자유에 공권력을 가하지 않는다는 것을 실감할 수 있었다.

또한 가이드의 아재개그로 "오늘이 일요일이어서 버락 오바마가 근무하지 않는다고 다음에는 평일에 오면 반드시 만나겠다는 오바마 대통령의 약속이 있었다"고 우스갯소리를 하였지만, 백악관의 하얀 지붕을 바라보는 내 기분은 착잡했다.

저 안의 주인공 한 사람의 선택에 따라 세계의 역사가 바뀔 수 있다는 생각이 내 마음을 무겁게 만들었다.

◆ 미의회의사당

현재 미국 상원은 50개 각 주에서 2명씩 100명으로 구성하고, 하원은 인구수에 따라 분배하여 선출한다. 백악관의 권력 집중을 견

제하는 명실상부한 삼권 분립의 첫 번째인 의회의사당에서, 미국 정치가 균형과 견제의 정치임을 잘 드러내고 있다고 가이드가 설명해 준다.

자꾸 "어떤 나라는, 어떤 나라는" 이라고 말하는 가이드는 젊어서 회사영업업무 차 미국에 왔다가, 미국계 한국여자와 결혼하면서 눌러 앉아, 미군부대에서 일반인으로 근무하다가 지금은 가이드로 일하고 있다는데, 어머니가 한국에 거주하고 계셔서 자주 한국을 드나들어서인지, 한국의 실정을 잘 아는 사람처럼 느껴졌다.

워싱턴에 자리 잡고 있는 모든 기관의 건물들이 모두 역사가 깊듯이 미의회의사당 건물 역시 마찬가지이다.

미의회의사당건물은 1783년에 착공하여 1800년에 완공하였는데, 돔형의 지붕꼭대기에는 청동으로 만든 자유의 여신상이 서 있어 관광객의 눈길을 끈다.

수많은 관광객들이 미의회의사당을 찾는 까닭이 실상은 돔지붕꼭대기의 자유의 여신상을 보기위해서인지도 모르겠다는 생각이 들었다. 나 또한 건물 위의 여신상을 유심히 바라보는 걸로 미의회의사당의 관광을 마쳤다.

◆ 한국전참전용사기념비

잊지 않는다는 것이 중요한 일일 것이다.

고개 숙여 묵념을 올리면서 먼 이국땅에서 젊은 목숨을 초개처럼 버린 영령들의 명복을 빌었다.

"님들의 희생으로 오늘 이렇게 님들 앞에 고개를 숙일 수 있습니다. 다시는 우리 땅에 그날 같은 비극이 없도록 님들이여 하늘나라에서 도와주소서."

링컨기념관을 가기 전에 한국인이라면 반드시 방문하는 곳이 있다.

아니, 방문하여 묵념을 올려야하는 곳이 있다.

바로 '한국전참전용사기념비'이다.

이곳은 한국전에 참전하였다가 장렬하게 전사한 수많은 미군영령들을 추모하기 위하여 건립하였다.

작은 V자형 묘지 부지에는 입상조각으로 열아홉 명의 병사 동상이 서 있다. 병사들이 모두 판초우의를 입고 있는 것은 한국전쟁이 비가 많은 계절에 일어났기 때문이란다.

본래 38선을 상징하는 38명의 동상을 새기려고 했으나, 부지가 좁아 그 반절인 19명의 동상을 만들었는데, 대리석 벽이 거울 역할을 하여 38명으로 보인다고 한다.

열아홉 명의 병사 가운데 열다섯 명은 육군, 두 명은 해병대, 한 명은 해군, 그리고 한명의 공군을 묘사하고 있는 것은 한국전쟁에 육해공 그리고 해병대가 모두 참전한 것을 나타내기 위함이었고, 벽으로 된 UN Wall 에는 참전국과 지원국 22개국의 이름도 새겨져 있었다.

참전 혹은 지원국 22개 국가의 이름을 보면 오스트레일리아, 벨기에, 캐나다, 컬럼비아, 덴마크, 에티오피아, 프랑스, 그리스, 인도, 이탈리아, 룩셈부르크, 네덜란드, 뉴질랜드, 노르웨이, 필리핀, 남한, 스웨덴, 태국, 터키, 영국, 미국으로 국사시간에 머리를 쥐어짜면서 외워야했던 고마운 나라들이다.

UN Wall에는 참전용사들의 다양한 인종도 사실대로 묘사하고 있다. 흑인도 있고 백인도 있다.

판초우의를 입고 전진하는 병사들 곁의 화강암 벽에는 실제 참전한 2천 5백명 병사의 얼굴이 레이저로 인쇄되어 있고, 그 위에 'FREEDOM NOT FREE(자유는 거저 주어지는 것이 아니다)'라는 글귀가 새겨져 있으며, 그 옆 벽에는 '조국은 그들이 전혀 알지도 못하는 나라와 한 번도 본 적이 없는 사람들을 지키기 위한 부름에 응한 아들 딸 들에게 경의를 표한다'는 문구를 영문으로 새겨 용사들의 참전의 의미를 되새기고 있다.

1986년 10월 미국연방의회는 한국전 참전용사들을 기리기 위한 기념비를 워싱턴 D.C에 건립하기로 의결하고 아메리칸 전쟁 기념비 위원회에 이를 승인했으며, 당시 로날드 레이건 대통령에 의해 한국전참전용사기념 자문위원단이 임명되었으나 실질적으로 사업이 진행된 것은 1993년부터였다.

3년 후인 1995년 7월 27일, 클린턴(Bill Clinton) 대통령과 김영삼

대통령이 참석한 가운데 이 기념비가 제막되었는데, 이날은 한국전쟁정전협정 42주년이 되는 날이었다.

현재는 이곳이 370개에 달하는 연방정부 관리 공원가운데 하나가 되었다

이 기념비를 건립할 때에 당시 한국에서 진출한 대기업들이 공사기금을 일정 부분 기부하였다고 한다.

◆ 링컨기념관

드디어 링컨을 만나러 '링컨기념관'으로 간다.

초등학교시절부터 교과서에서 만나고, 위인전에서도 만났던 민주주의의 상징처럼 수많은 사람들의 가슴에 새겨져 있는 링컨을 만난다는 생각에 설레이기까지 했다.

링컨기념관은 미국의 16대대통령 링컨을 기리기 위한 기념관이다.

그런데 멀리서 기념관을 한 눈에 바라보자 어디서 많이 본 듯한 느낌이 들었다.

어디서 보았더라?

잠시 궁리해 보자 미술교과서에서 보았던 그리스 아테네의 파르테논신전이 떠올랐다.

가이드가 말했다.

"링컨기념관은 워싱턴의 다른 건물에 비해 역사가 깊지 않습니다. 1922년 건축가 헨리베이컨이 그리스아테네의 파르테논신전을 본 따 설계하고 건축한 건물입니다. 동상을 중심으로 서 있는 36개의 기둥은 링컨이 암살당할 당시 미국의 36개 주를 상징하고 있습니다."

기이드의 설명을 뇌리에 새기며 건물 가까이 다가가자 링컨이 내 앞으로 다가왔다.

높이가 6미터 가까이 되는 링컨 좌상은 자신을 올려다보는 사람들을 압도하며 연못 너머 워싱턴 기념관과 국회의사당이 있는 동쪽을 바라보고 있었다.

가이드가 말했다.

"1센트짜리 동전과 5달러짜리 지폐를 꺼내보세요. 거기에서도 링컨과 링컨기념관을 만날 수 있습니다."

가이드의 말대로 동전과 지폐를 꺼내어 살펴보니, 동전과 지폐의 앞면에는 링컨의 얼굴이, 뒷면에는 링컨 기념관이 새겨져 있었다.

링컨좌상의 왼쪽면에 새겨진 민주주의의 상징처럼 되어있는 그 유명한 게티스버그연설 가운데 민주주의를 열망하는 세계인의 가슴을 두드렸던 '국민의(OF THE PEOPLE), 국민에 의한(BY THE PEOPLE),

국민을 위한(FOR THE PEOPLE) 정치' 라는 부분을 음미하고 있는데, 가이드가 찬물을 끼얹는 소리를 한다.

"여러분들은 링컨이 노예해방의 아버지로 알고 있지요? 하지만 링컨이 노예해방의 영웅으로 존경받는 것은 허구라고 볼 수 있습니다."

일행 중의 누군가 의문을 제기하고 나섰다.

"하지만, 링컨 덕분에 많은 노예들이 자유를 찾은 것은 사실이 아닙니까?"

"사실이지요."

"헌데 어찌?"

"노예해방은 남북전쟁을 승리로 이끌기 위한 여러 가지 방안 중에 하나로 선택된 것이 성공하였을 뿐입니다. 왜냐하면 당시 노예해방의 선언은 그 대상이 북쪽의 흑인은 제외하고 남쪽의 흑인만을 대상으로 선언되었기 때문입니다. 만약 링컨대통령이 진정한 노예해방론자였다면 당연히 북쪽의 흑인들도 해방의 대상으로 말했어야 합니다. 또한 남북전쟁이란 용어는 대한민국의 사회 혹은 세계사 시간에 존재하는 것이고, 미국에서는 내전이라는 용어를 사용합니다."

가이드의 말을 되새기며 링컨좌상을 다시 한번 올려다보았다.

아무리 링컨의 좌상이라고 하지만 그 크기가 너무 웅장하여 건물을 기죽이고 있다는 생각이 드는 것은 어쩔 수가 없었다. 그리스의 파르테논신전을 링컨이 깔고 앉은 느낌이 드는 것은 건물과 좌상의 불균형 때문이 아니었을까?

링컨좌상의 오른쪽 면에 새겨진 링컨의 두 번째 취임 때의 연설문을 훑어보고 돌아서면서 그동안 내 가슴을 꽉 채우고 있던 우상화된 링컨의 미화된 이야기들이 흔들리고 있다는 느낌을 지울 수가 없었다.

◆ 제퍼슨기념관

제퍼슨은 미국의 제3대 대통령으로 독립선언서를 기초한 인물이다. 1934년에 짓기 시작하여 제퍼슨 탄생 2백주년이 되는 1943년 4월 13일에 준공하였다.

건물 모양은 제퍼슨이 평소 좋아했던 고전양식인 로마의 판테온 신전을 본땄다.

제퍼슨 기념관 앞에 서서 건물 전체를 눈에 담고 있는데 가이드가 엉뚱한 걸 요구했다.

"혹시 2달러 지폐를 가지고 계신 분은 꺼내어 앞면을 살펴보세요. 누가 보입니까?"

누군가 대답했다.

"제퍼슨이요."

"맞아요. 제퍼슨입니다. 지갑 깊숙이 잘 간직하세요."

"아니 왜요? 왜 하필이면 2달러짜리를 잘 간직해야하는 것이지요?"

누군가의 물음에 나는 속으로 빙그레 웃었다.

가이드가 2달러짜리 지폐를 들먹인 까닭을 짐작할 수 있었기 때문이다.

가이드가 웃으며 친절하게 설명해 주었다.

"혹시 '상류사회'라는 영화를 보신 분이 계십니까? 거기 여주인공이 '그레이스켈리'였죠? 남자 주인공은 '프랭크시나트라'였구요. 영화촬영이 끝나자 프랭크시나트라가 그레이스켈리에게 느닷없이 2달러짜리 지폐를 선물로 주었답니다. 그레이스켈리는 그 2달러를 잘 간직하고 있었는데, 나중에 그녀가 모나코왕자와 결혼을 하였고, 더 나중에는 모나코왕비가 되었지요? 그 이후 2달러짜리 지폐는 행운의 상징이 되어 미국을 여행한 여행객들은 따로 2달러짜리 지폐를 남겨가지고 돌아가서 지인들한테 선물로 준답니다. 행운의 상징으로 말이지요."

가이드의 얘기를 웃으며 듣다가 기념관 안으로 들어섰다.

중앙에 제퍼슨의 동상이 역시 관광객을 압도하며 서 있고, 동상 뒤편으로는 제퍼슨이 기초한 미국독립선언서가 벽에 새겨져 있었다.

기념관 안에 새겨놓은 제퍼슨이 인권에 대하여 언급한 또 다른 어록들을 훑어보고 밖으로 나오자 기념관 앞의 커다란 호수가 햇살에 반짝이고 있었다.

그 호수너머 직선거리로 워싱턴기념탑이 보인다. 워싱턴기념탑 너머에는 나무 사이로 백악관이 자리 잡고 있었는데, 워싱턴기념탑을 중심으로 동쪽에 국회의사당, 서쪽에 링컨기념관, 남쪽에 제퍼슨

기념관, 북쪽에 백악관을 배치하여 놓았다. 공중에서 보면 열십자가 되도록 건물을 지은 이유는 국민을 위한 정치를 잘 하자는 의미라고 한다.

◆ 워싱턴기념탑

워싱턴D.C에 들어서면 제일 먼저 관광객을 반겨주는 것이 워싱턴기념탑이다.

높이가 169미터로 워싱턴D.C에서 가장 높은 건물로 153미터지점에 전망대가 있다. 엘리베이터를 타고 전망대에 오르면 백악관을 비롯한 건물들을 모두 내려다 볼 수 있다.

워싱턴기념탑은 1838년 워싱턴국립추모협회에서 건립을 추진하여, 1848년부터 1884년까지 국민들의 성금과 연방예산으로 46년 동안 공사를 진행하여 1885년에 준공하였다.

공사기간이 50년에 가까울 만큼 길었던 것은 예산 때문이기도 했지만, 중간에 남북전쟁이 있어 공사가 중단되기도 했다. 따라서 워싱턴기념탑을 자세히 보면 공사가 중단되었다가 다시 시작했던 지점마다 건축석재인 화강암의 색이 다르다.

워싱턴기념탑은 독립의 아버지라 불리는 미국의 첫 번째 대통령 조지 워싱턴을 기리기 위해 세운 탑이다. 워싱턴에 워싱턴기념탑보다 높은 건물은 건축하지 못하도록 법으로 규정한 것은 워싱턴을 존경하는 미국인의 마음의 표현이라고 볼 수 있겠다.

워싱턴기념탑은 그 상징성만큼이나 유명하여 수많은 영화에도 출연하였다.

내가 워싱턴기념탑을 인상 깊게 본 것은 영화 '스파이더맨'에서였다. 스파이더맨이 위기에 처한 친구를 구한 것도 워싱턴기념탑에서 였다.

연못을 사이에 두고 멀리서 바라보면 지상의 기념탑과 호수속의 기념탑이 대칭을 이루고 있다. 바람이 불때마다 호수 속의 기념탑은 흔들리고 있었다.

가이드는 밤에 바라보는 워싱턴기념탑은 기가 막히도록 아름답다고 자랑한다.

조명을 받은 탑의 아름다움과 조명을 받으면서 호수에 빠져 흔들리는 탑의 모습을 상상하는 것만으로도 가이드의 말에 공감할 수 있었다.

◆ 스미소니언박물관

스미소니언박물관은 일테면 여러 종류의 박물관을 한 곳에 모아 놓은 종합박물관단지라고 보면 될 것 같다.

1846년 영국인 과학자 제임스 스미슨의 기부금으로 설립된 박물관으로 그 안에는 국립자연사박물관, 국립역사기술박물관, 국립항공우주박물관, 국립동물원 등 19개의 박물관과 미술관, 도서관 등 모든 분야의 자료를 소장한 종합박물관으로 세계 최대 규모를 자랑한단다.

박물관 하나를 제대로 관람하기 위해서는 꼬박 하루가 걸려도 모자란다고 가이드가 미리 겁부터 주었다. 박물관마다 그냥 빠른 걸음으로 걷기만 해도 하루 동안에는 다 돌아보기가 어려우니까, 열아홉 개의 박물관 가운데 관심이 있는 한 곳을 골라 돌아보라고 권했다.

나는 자연사박물관을 선택하여 들어갔다.

입장료는 없다.

스미소니언박물관의 모든 박물관에는 입장료가 없다. 따라서 입장권을 구입하느라 줄을 서야하는 불편함은 없다. 길게 늘어선 줄 뒤에 서서 앞의 사람을 따라 들어가면 된다.

제일 먼저 눈에 들어오는 것은 과자를 주면 금방이라도 채갈 듯이 코를 쳐들고 있는 코끼리 상이었다. 아이들과 함께 온 부모들이 눈에 많이 띈다. 어떤 아이는 부모의 목에 무등을 타고 코끼리를 향해 손을 내밀고 깔깔거린다.

아이들을 배려하기 위함일까?

자연사박물관 안에는 유난히 아이들이 좋아할만한 동물상이 많았다.

금방이라도 뛰어내려 관광객을 덮칠 듯한 호랑이, 엎드려 있는 코뿔소, 어른 키의 두 배가 넘을 듯한 박제된 대왕오징어, 거대한 개미집 들이 아이들의 시선을 빼앗고 있었다.

천천히 둘러보며 걸어가고 있는데, 한 동물상 앞에 사람들이 모여 있다.

우리 팀은 아니다.

그쪽 팀의 가이드가 설명하는 소리가 내 귀에 들어온다.

"무슨 동물 같습니까? 얼룩말처럼 생겼지요? 하지만 얼룩말이 아니랍니다. 아프리카의 유니콘이라고 불리는 오가피입니다."

가이드의 말에 얼룩무늬가 다리를 칭칭 감고 있는 동물을 찬찬히 살펴보았다.

다리에만 얼룩무늬가 있고, 몸둥이며 목부분에는 얼룩무늬가 없다.

말이라고 부르기에는 다리가 가냘프다. 머리 부분만 보면 노루나 고라니처럼 생겼다. 눈도 참 선한 빛이다.

가이드의 설명을 잠시 더 듣는다.

"오가피는 콩고를 상징하는 동물로 화폐의 도안으로도 쓰입니다. 동물학계에는 1901년에야 알려지게 되었는데, 동물학자들이 오가피가 나무숲 사이를 걸어갈 때 다리의 얼룩무늬만 보고 얼룩말로 착각을 했기 때문이랍니다."

가이드의 설명을 뒤로하고 몇 걸음 옮기자 유난히 많은 사람들이 몰려 있다.

저주의 다이아몬드라는 별칭을 가지고 있는 '블루호프(Blue Hope)'가 보관되어있는 유리 상자 앞이었다.

다른 팀의 가이드가 설명하는 소리가 내 귀에 들려온다.

"저 푸른빛의 다이아몬드가 소유하고 있는 사람에게 불행을 안겨준다는 저주의 다이아몬드라는 이름을 얻게 된 것은 그 탄생과도 관련이 있습니다. 어떤 사람은 힌두교의 라마의 신상에서 훔쳤다고도 하고, 혹은 시타여신상의 가슴이나 배, 눈에서 빼어냈다고도 합니다. 저 다이아몬드는 수십 명의 손을 거쳐 오늘에 이르렀는데, 처음 소유했던 보석상은 들개에게 물려서 죽고, 루이 16세는 왕비 앙뚜아네뜨와 함께 단두대 위에서 죽고, 도둑맞은 것이 비통하여 자살하여 죽고, 잃어버린 다이아몬드를 찾아다니다가 여비가 바닥이 나서 굶어 죽고, 미쳐서 죽고, 차가 벼랑으로 떨어져서 죽고, 호프다이아몬드는 탄생이후 뉴욕의 보석상 할리윈스톤이 스미소니언박물관에 기증할 때까지 수많은 죽음을 몰고 다녔다고 합니다."

그러나 호프다이아몬드에 이력처럼 따라 다닌 죽음의 그림자가 실은 모두가 사실이 아니었다고 가이드가 결론을 내려준다.

"무슨 연유로 호프다이아몬드가 죽음을 몰고 다니는 저주의 딱지를 붙이게 되었는지 모르지만, 스미소니언박물관에서 1976년에 발간한 '푸른 미스테리-호프다이아몬드이야기'를 보면 전설처럼 따라다니는 어두운 이야기는 모두가 허구라는 것입니다."

가이드의 말을 듣자 문득 그런 생각이 스쳐갔다.

저 푸른 다이아몬드에 따라다닌다는 저주의 그림자는 혹시 인간의 끝없는 탐욕에 보내는 경고가 아니었을까?'

자연사 박물관을 중심으로 2시간 여 동안 관람한 후에, 연방조폐공사를 경유하여 2박을 할 펜실바니아 주도인 해리스버그로 가는 도중에 한식 삼겹살로 저녁을 먹고, 레이디슨 해리스버그호텔에 여장을 풀었다.

이날도 당연히 어제와 같이 동료들과의 미팅이 있었다.

셋째 날 (2016. 8. 8. 월)

◆ 나이아가라 폭포

나이아가라폭포 가까이에 서서 내 눈으로 보고, 물 떨어지는 천둥 같은 소리를 내 귀로 듣고, 먼지처럼 날리는 물보라에 뜨는 일곱 빛깔 무지개를 내 눈으로 보러 가는 날이다.

5시 기상, 6시 조식, 7시 출발, 전용버스 차창너머로 해리스버그의 일출광경은 매우 고혹적이었다.

그리고 고속도로 중앙 분리지역의 폭이 10~20미터 정도로, 주로 잔디 등으로 조성되어 안전에 관심을 두는 것 같아 새삼 돌아보였다.

차창 너머로 눈길을 돌리자 마을마다 묘비석을 세운 묘지들이 즐비하다.

삶과 죽음이 공존하는 모습이다.

묘지석의 주인은 어떤 삶을 살다가 저기에 묻혔을까, 문득 그런 생각이 뇌리를 스쳐갔지만, 오래 붙들고 있을 상념은 아니다. 스쳐가는 풍경처럼 그냥 흘려보내면 된다.

6시간을 달려 오후 1시 무렵에야 미국 쪽 나이아가라의 염소섬에 도착하였다.

미국과 캐나다 동부 여행의 백미라는 나이아가라 폭포에 드디어 온 것이다.

매우 유명한 북아메리카 대륙의 구경거리이다. 수십 년 동안 이 폭포는 신혼여행지, 또는 폭포 위로 외줄타기, 통을 타고 건너기 등의 묘기를 부리는 곳으로 인기를 끌었고, 점점 그 자연 경관의 아름다움과 독특함 때문에 사람들이 모여들게 되었다.

이 폭포는 고트 섬을 중심으로 크게 두 부분으로 나뉜다.

미국 쪽과 캐나다 쪽으로 나뉘어 있는데, 캐나다 쪽의 폭포가 높이는 2미터, 떨어지는 물폭은 485미터가 더 길다.

즉 캐나다 쪽의 폭포는 호스슈 폭포로, 높이가 49.4미터이고 굽이진 폭포 마루의 길이는 약 790미터이다. 오른쪽 기슭에 닿아 있는 아메리카 폭포는 높이가 51미터이고 너비가 305미터이다.

먼저 미국 쪽의 폭포에서 '바람의 동굴' 아래로 내려가 폭포수를 직접 맞는 투어에 참여하였다.

비행기나 헬리콥터를 타고 하늘로 올라가지 않는 이상, 한 곳에서서 양쪽의 폭포를 다 보기는 힘들다.

폭포의 장관을 제대로 볼 수 있는 장소는 미국 쪽에서는 아메리카 폭포의 끝에 있는 프로스펙트포인트와 300m 하류 쪽으로 내려간 계곡에 걸쳐 있는 레인보우 브릿지다.

방문객들은 미국 쪽에서 고트 섬까지 인도교를 통해 건널 수 있다.

폭포 밑까지 승강기를 타고 내려가 떨어지는 폭포수 뒤의 '바람의 동굴'을 찾아갔다.

내려갈수록 귀청을 찢을 듯한 물 떨어지는 소리가 내 몸을 덮치고, 우의를 걸쳤지만 세찬 물줄기가 어깨를 내려치고, 등짝을 후려치다가 살 속으로 파고든다.

세찬 물줄기가 내 몸을 두드릴 때마다 알 수 없는 즐거움이 솟아올랐다.

세계 최대의 폭포인 나이아가라폭포의 세찬 물줄기를 맞는 행복, 그 행복의 순간에 예전에 구례수락폭포에 가서 물을 맞았던 기억이

새록새록 떠올랐다.

그때 수락폭포에는 허리가 아픈, 혹은 무릎관절이 안 좋다는 아주머니들이 좁디좁은 물줄기 밑을 번갈아서 들락거렸는데, 나이아가라 폭포의 물줄기를 맞는다면 아픈 허리며 관절통이 더 잘 낫지 않을까, 하는 생각을 문득 해보았다.

미국에서 캐나다로 가려면 강을 가로질러 놓인 레인보우브릿지(무지개다리)를 건너야 한다. 동네의 다리를 건너듯이 그냥 걸어서 건너가면 된다. 검문도 없고 비자도 필요없다.

맑은 날이면 다리부근뿐만 아니라 폭포주변에서도 무지개가 뜬다. 떨어지며 날리는 물방울 위에 햇살이 비추면 바로 무지개가 된다. 한 줄기의 무지개가 뜨기도 하고, 혹은 쌍무지개가 뜨기도 하며, 바람의 세기에 따라 흩날리는 물방울의 모양에 따라 세 줄기나 네 줄기의 무지개가 뜨기도 하며, 바라보는 위치에 따라서도 무지개의 숫자는 달라진다.

눈으로는 다리 아래에 뜬 무지개를 보고, 귀로는 폭포소리를 들으며, 거칠게 흘러가는 나이아가라 강물의 소용돌이에 흠칫 놀라기도 하면서 건너가면 캐나다 땅이다. 반대로 캐나다 쪽에서 건너오면 미국 땅이다.

레인보우 브리지를 건너 국경을 넘어 캐나다로 들어가니, 검은 소용돌이가 치는 월풀이 거친 모습으로 반겨준다.

세계에서 가장 작은 교회, 아이스 와인 농원과 공장을 둘러본다.

어느 곳으로 가건 폭포의 물 떨어지는 소리는 발길을 붙들고 따라 다닌다.

한식으로 저녁 식사를 하고, 폭포 근처 메리어트 호텔에 여장을 풀고 나와, 강 부근을 동료들과 함께 산책한다.

인근 카페에서 흑맥주와 아이스와인으로 목을 축이며 오색찬란한 조명이 폭포를 비추는 환상적인 야경을 바라본다.

조명과 떨어지는 물줄기 또한 완벽한 조화를 이루고 있다.

붉은색 조명을 받은 부분에서 붉은색 물줄기가 떨어지고, 푸른색 조명을 받은 부분에서는 푸른색 물줄기가 떨어진다. 여러 색깔의 조명을 받은 물줄기가 여러 가지 색으로 떨어져 내려 밤에는 무지갯빛 물줄기가 떨어진다.

밤에 뜨는 무지개다.

그 무지개 앞에서 문득 행복하다는 생각을 해 보았다.

나이야가라 폭포는 국경을 나누고 있지만, 캐나다에서 보는 것이 백미다. 3개의 폭포를 확연하게 볼 수 있으며, 그 웅장한 떨어짐에 가히 세계 3대 폭포에 이름을 올리는 것이 당연한 것 같다.

아직 이구아나 폭포와 빅토리아 폭포를 보지는 못했으나, 가이드 표현을 빌리면 남미의 이구아나 폭포는 여기의 나이아가라폭포가 울며 돌아설 정도로 웅장하다고 하니, 거기도 가보고 싶은 마음이 생겼다.

넷째 날 (2016. 8. 9. 화)

다음날, 직접 크루즈(구, 안개속 숙녀호)를 타고 빨간 우비를 입고, 미국폭포, 신부면사포폭포, 캐나다폭포에 가장 가까이 가는 투어를 하였다.

폭포수 낙하부분의 최단거리까지 근접하였다.

폭포수를 맞으며 무지개를 배경으로 사진을 찍었다.

관광객들 모두가 하나같이 빨간 우의를 입고 있는 모습도 폭포의 하얀 물줄기와 대비되면서 하나의 멋진 풍경을 연출하고 있었다.

숙소로 돌아오는 길에 나이아가라폭포의 연어를 잠시 생각해 보았다.

아니, 연어의 회귀본능에 대하여 궁리해 보았다.

내 뇌리로 문득 사전자료조사 때 보았던 나이아가라 폭포를 거슬러 오르는 연어떼가 스쳐갔다.

원래 민물에서 태어나 자란 연어는 헤엄을 칠만큼 자라고 나면 반드시 바다로 내려간다.

짜디짠 바닷물을 먹으며 뼈를 키우고 살을 찌운다.

그 넓은 바다가 연어들의 세상이다.

3, 4년을 자유스럽게 살고 나면 어느 날 문득 자기가 태어난 고향이 그리워진다. 뱃속에 알을 품어 그 알을 산란할 곳을 본능적으로 그리워하게 되는 것이다.

그것도 찾아가지 않으면 죽을 것 같은 강렬한 본능이다.

이때부터 연어의 긴 여행이 시작된다.

돌아갈 길을 표시해 놓은 것도 아니고, 찾아갈 물길을 내비게이션이 안내해 주는 것도 아니지만, 연어는 제가 내려온 길을 정확하게 거슬러 올라간다.

처음부터 나이가라 폭포 상류의 나이아가라 강에서 연어가 살았던 것은 아니란다. 그런데 물고기를 연구하던 어느 짓궂은 생물학자가 미시시피 강으로 산란하러 올라오는 연어를 잡아다가 나이아가라 폭포 위쪽 강에서 산란하도록 했다.

이렇게 해서 연어 치어가 태어났었고 그 치어들은 대서양으로 가서 자랐다.

산란장소만 바뀌었을 뿐, 여느 연어의 일생과 다를 것이 없었다.

무사히 연어를 바다로 돌려보낸 생물학자의 관심은 오직 뱃속에 알을 품은 연어가 나이아가라강의 상류로 돌아오느냐 였다.

대서양을 마음껏 헤엄치며 놀던 연어가 다 자란 뒤 산란을 위해 과연 50미터가 넘는 어마어마한 높이와 천둥소리를 내며 떨어지는 나이아가라 폭포를 타고 올라올 수 있느냐 였다.

이를테면 연어의 회귀본능에 대한 관심이고 실험이었다.

때가 되자 생물학자가 기다리는 연어떼가 산란을 위하여 틀림없이 나이아가라 폭포 밑에 나타났다.

그리고 거기서 폭포 위로 점프를 시작했다.

세계에서 가장 힘차고 웅장한 폭포의 쏟아지는 물줄기에 도전하고 또 도전했다. 주둥이가 깨지고 아가미가 터져 피가 철철 흘렀지만 수천수만 마리의 연어들은 포기하지 않았다.

그렇게 목숨을 건 도전 끝에 나이아가라 폭포를 뛰어올라 상류까지 간 연어는 자신이 태어난 그곳에 산란을 하고 생을 마친다.

처음 장난삼아 나이아가라강 상류에서 연어를 산란시켰던 생물학자는 연어의 모천회귀母川回歸 본능의 놀라운 모습에 크게 감탄했다고 한다.

'이건 기적이다. 자연의 숭고한 섭리는 인간이 감히 흉내 낼 수 없는 기적이다.

배 투어를 마치고 나이아가라 폭포를 바로 옆에서 구경할 수 있는 '테이블 락'으로 가서 사진과 함께 동영상 촬영도 하여 페이스북에 올렸다.

'테이블락'에서는 떨어지는 폭포수 소리를 생생하게 들을 수 있으며, 폭포가 떨어지면서 나타나는 물보라를 생생하게 볼 수 있었다.

가이드가 농담을 한다.

"한참 동안 보고 있으면 떨어지고 싶은 유혹에 빠지게 되니, 조심하십시오. 폭포만 감상하지 마시고 일행도 잘 살피십시오."

가이드의 말에 일행을 둘러보니, 모두가 사진을 찍느라 정신이 팔려있다.

걱정하지 않아도 되겠다 싶었다.

이 폭포에서 떨어진 물이 자동차로 5분 정도의 거리에 가면 시커멓게 소용돌이치는 '월풀'을 만들고, 그 물이 이리호에서 온타리오호로 흘러드는 광활한 캐나다의 평원을 보면서, 왜 사람들이 캐나다로 이민을 갈려고 하는지 알 것 같았다.

점심 식사로 1인당 60불씩 하는 스테이크를 먹으면서 바닥이 움직여서 45분마다 한 바퀴씩 회전하는 '스카이론'이라는 고층 타워에서, 나이야가라 폭포를 위에서 내려다보았다.

나이아가라폭포를 모두 보기 위해서는 헬기를 타야한다는 유혹도 있었지만, 스카이론에서 점심을 먹으면서 내려다 본 나이아가라폭포는 헬기를 탄 것 못지않았다. 굳이 비용을 많이 들여서 헬기투어를 할 필요성을 느끼지 못했다.

식사보다는 사진 찍기에 더 열을 올리는 우리들의 모습에서 이곳이 이번 여행의 백미라는 것이 확실하였다.

스카이론을 내려오면서 문득 사람들이 왜 '죽기 전에 꼭 보아야 할 곳'이라고 한 입으로 말하는지 알 것 같았다.

식후에 토론토를 향해, 1시간 30분 동안 이동하였다.

◆ 토론토의 디스틸러리 디스티릭

옛날에 양조장이었던 장소를 겉모습은 그대로 두고, 갤러리, 소품점, 패션가게, 카페, 중고 상품점 등이 있는 예술문화가 공전하는 보행자 전용거리로 조성해 놓은 디스틸러리 지역을 방문하였다.

토론토에서는 상당히 알려진 곳으로 많은 관광객들이 몰려 와서 물건을 구입하고 있어서 깜작 놀랐다. 신발을 파는 가게에 들어가니, 하나를 사면, 하나 더 준다고 해서 여기서 만든 물건이냐고 물었더니, 그런 물건은 아주 적고 들어온 물건이라고 해서 상표를 보았더니, 메이드 인 차이나이다.

원플러스 원은 우리나라에만 있는 줄 알았더니, 캐나다 상점에도 있었다.

정말 미국, 캐나다까지, 모든 공산품은 중국제품이 지배하고 있었다.

가이드가 한 마디 한다.

“미국민들이 사용하는 일상용품 가운데 80퍼센트 이상이 중국산입니다. 미국산은 골동품이 된지 오래지요.”

가이드의 말이 내 기분을 씁쓸하게 한다.

남원장날 시장에 나가보면 중국산이 좌대를 차지하고 있다.

심지어는 겉으로 보기에는 분명 시골에서 손수 채취한 산나물을 가지고 나와 파는 할머니 같은 데, 사고 보면 중국에서 들여온 것이란다. 그런 일을 한두 번 겪고 나자 순박한 시골인심만 믿고 함부로 살 것이 아니라는 불신만 커져갔다.

그 씁쓸함을 캐나다까지 와서 맛 본 셈이었다.

한 중고품 가게에서 인디언의 물건으로 보이는 나무 그릇이 있어 사고 싶은데, 가지고 다닐 것이 심란하여 포기했다.

◆ 토론토

토론토는 캐나다에서 가장 인구가 많고, 금융 및 상업 중심지로 실질적인 수도 노릇을 하고 있는 도시라고 볼 수 있겠다. 토론토가 캐나다 제일의 도시노릇을 할 수 있는 것은 미국과의 경계를 이루는 온타리오호의 북쪽 끝에 접해 있는 입지조건 덕분이다.

즉 세인트로렌스 수로를 통해서는 대서양과 연결되고, 오대호를 통해서는 미국의 여러 주요 공업 중심지와 연결되어 국제교역 중심지노릇을 톡톡히 해내고 있는 것이다.

토론토는 온타리오주가 보유하고 있는 막대한 자원인 광물 · 목재 · 농산품과 수력 발전으로 생산되는 전기의 혜택을 제대로 보고 있다.

토론토와 그 주변에서 캐나다 공업제품의 절반 이상이 생산된다.

이렇게 생산된 공업제품은 토론토항을 통하여 국내는 물론 세계 전지역으로 수출된다.

토론토의 온타리오주 의사당 건물과 온타리오대학교는 나무와 잔디를 잘 가꾸어놓아 공원 같은 분위기를 풍기는데, 일상에 지친 시민들이 휴식공간으로도 이용한다.

토론토에는 유난히 소극장과 실험극장이 많다.

대극장에서는 오페라와 발레를 공연하고 실험적인 단막극은 소극장 중심으로 공연된다. 온타리오 미술관과 로열 온타리오 박물관에는 훌륭한 미술작품들과 유물들이 전시되어 있다.

온타리오 플레이스는 호수 안에 만든 인공 섬 위에 설치한 문화 시설단지로, 상설 캐나다 국립전시장의 연장이다. 일년 내내 벌어지는 전시회에서는 국제항공전시회, 농업, 동물, 원예 등의 전시회, 연극 및 음악 행사 등이 펼쳐진다.

매년 늦여름에는 수백만 명의 사람들이 이곳으로 모여든다고 한다.

인구 350만 명이 사는 캐나다 최대의 도시, 경제, 통신, 운수 산업의 중심지, 토론토를 이끌어가는 것이 토론토시청으로 토론토를 상징하고 있다.

국제공모전을 통해 선정된 핀란드출신 건축가 빌리오레벨의 작품으로 1965년에 완공되었는데 현대적인 건축양식으로 돋보이는 특징이 있다고 한다. 서로를 감싸고 포옹하는 모습으로 과거를 잊고 발전한다는 의미와 하늘에서 보면 눈이 있어서 정치를 잘 하는 지 시민이 지켜본다는 의미를 가지고 있다고 한다.

신시청과 구시청의 중간에는 2천 5백대의 차를 주차할 수 있는 지하주차장을 가진 광장이 있다. 1955년에서 1962년까지 시장으로 재임한 네이슨필립스시장의 이름을 따서 필립스광장이라 불린다.

필립스광장에서는 여름이면 '프레시웬즈데이스'라는 농산물시장이 열리고 겨울에는 광장분수가 아이스링크로 바뀌어 겨울 스포츠장으로 사용된다고 한다. 또한 거의 매일 아마추어 음악가들의 공연이 있어 시민은 물론 관광객의 눈과 귀를 즐겁게 해준다.

광장 한쪽, 신시청앞에는 'TORONTO'라는 입간판이 서 있다.

관광객들은 그 입간판 앞에서 토론토시청건물을 보았다는 인증샷을 남긴다.

◆ 온타리오호수

호수 둘레가 311킬로미터이고 제일 넓은 부분의 지름이 85킬로미터인 온타리오호수는 북쪽으로는 캐나다의 온타리오 주, 남쪽으로 미국의 뉴욕 주와 맞닿아 있다. 세계적으로 국경선의 길이가 가장 긴 캐나다와 미국 국경의 한축을 담당하고 있는 것이다.

유람선을 타면 캐나다에서 미국으로 건너갈 수도 있고, 미국에서 캐나다로 건너올 수도 있다.

나이아가라강과 제너시 · 오스위고 · 블랙 강물이 남쪽으로부터 흘러들어오고 북쪽에서 트렌트 강이 흘러든다. 너비가 48킬로미터인 호수의 동쪽에 5개의 섬이 늘어서 있는데, 이곳의 킹스턴(온타리오) 부근에서 호수의 물이 세인트로렌스 강으로 흘러나간다.

온타리오 호의 풍부한 물은 집중영농지역인 북쪽의 광활한 평야지대를 품어 안은 젖줄노릇을 하고 있다.

이처럼 온타리오호수는 육지와 바다를 연결하는 교통의 요지로서뿐만 아니라 농사용으로도 요긴하게 쓰이고 있는 것이다.

온타리오호수와 차이나타운을 거쳐 한인 타운에서 한식으로 저녁식사를 마치고 토론토 에어포트호텔에 여장을 푼 후, 토론토의 일상을 느끼기 위해 동료들과 함께 택시를 타고 가장 번화가인 곳으로 나와서, 생맥주로 여행의 회포를 풀었다.

바텐더가 너무 친절하여 여러 종류의 생맥주와 독특한 먹을거리를 주문하며, 캐나다와 토론토에서의 좋은 추억을 만들었다.

다섯 째날 (2016. 8. 10. 水)

◆ 세인트로렌스강의 천섬

세인트로렌스강은 미국 미네소타 주에 있는 발원지로부터 오대호를 지나 뉴펀들랜드와 캐나다 본토 사이의 캐벗 해협에 이르기까지 장장 4천 킬로미터를 흐르는 장강으로 거대한 수로노릇을 하는 강이다.

캐나다에서 3번째로 긴 강인 세인트로렌스 강은 본류가 온타리오 호의 동쪽 출구에서 캐나다 본토 심장부를 지나 세인트로렌스 만에 있는 앤티코스티 섬의 하구에 이르기까지 굽이굽이 1,287킬로미터를 흐른다.

또한 온타리오 호에서 콘월 시까지의 상류는 미국과 캐나다의 국경노릇을 한다.

세인트로렌스 강 유역과 섬에는 자작나무 · 느릅나무 · 솔송나무류 · 단풍나무 · 참나무 · 전나무 등이 숲을 이루고 있으며, 물이 차지 않는 강변에는 모래톱에서 자라는 풀들이 덮고 있고 강유역의 강변에서는 소금기에 단련된 식물들이 번성한다.

세인트로렌스 강의 하류에 낙농제품 · 제지공장 · 곡물 · 과일 · 목재 등의 공장과 농업이 발달할 수 있었던 것은 4철 마르지 않는 풍부한 수량 때문이고, 강에 건설된 여러기의 수력발전소가 전기를 넉넉하게 생산하여 공급해준 덕분이라고 볼 수 있다.

세인트로렌스강은 아름다운 풍광으로 관광객을 끌어 모을 뿐만 아니라 이 지역의 경제적 성장을 더욱 촉진하였다.

세인트로렌스강은 세인트로렌스 해로를 통해 오대호를 대서양과 연결시켜 주고 있다.

4시 30분 기상, 5시 30분 천섬으로 출발했다. 유람선 탑승장에 정오경 도착하여 식당에서 현지식으로 점심을 해결하고 승선장으로 가니, 뙤약볕에 줄이 길게 늘어서 있다. 30분 정도 땀을 흘리며 기다린 후, 천섬 유람선에 탑승, 1시간정도를 유람하였다.

세인트로렌스강을 유람하다보면 점점이 떠 있는 섬 위에 그림 같은 집이 보인다.

"저기 보이는 집들은 어떤 집인가요? 국가의 소유인가요? 아니면 개인의 소유인가요?"

누군가 묻자 가이드가 대답했다.

"백만장자들의 별장입니다. 이곳을 왜 천섬이라 부르는지 아시겠지요?"

"섬이 천개라서 그리 부르는 것이 아닙니까?"

"그런 뜻으로 천섬이라 부르기는 합니다만, 정확히 말하면 섬은 천개가 아니라 그보다 훨씬 많은 1,865개가 있습니다. 캐나다 인디언들은 고요하고 아름답고 신비로운 이 곳을 '신의 정원(Garden of the Great Spirit)'이라 불렀습니다. 2천개 가까운 섬을 품고 있는 세인트로렌스강의 천섬일대는 신의 정원이라 불러도 손색이 없는 자연풍광을 가지고 있지만, 실지로 신과 관계가 있는 전설이 전해져 옵니다."

가이드의 안내는 천섬의 전설로 이어진다.

"인디언들 사이에 이런 전설이 전해져 내려오고 있습니다. 하늘의 신이 사람사는 세상을 내려다보니까, 사람들이 서로 자기들의 욕심을 위해 싸우고 죽이는 세상으로 변하더랍니다. 하늘의 신이 '안되겠구나. 더 늦어 사람이 악마로 변하기 전에 구제를 해 주어야겠구나' 생각하고 큰 보자기에 사람이 선한 생각으로 서로 화목하며 행복한 삶을 살 수 있는 유토피아를 싸가지고 땅으로 내려왔답니다. 하늘의 신이 사람들에게 '너희들이 싸우지 않으면 이 유토피아를 주겠다. 하니 싸우지 말고 화목하게 지내거라' 하고 약속을 하였답니다. 인간들이 처음에는 유토피아를 얻기 위해 싸우지 않았으나, 시간이 흐르자 다시 서로 싸우게 되었다지요. 유토피아 앞에서도 사람들은 욕심을 버릴 수가 없었으며 시기와 질투 같은 본성을 억누를 수가 없었던 것이지요. 이에 실망한 하늘의 신이 '사람이란 어쩔 수가 없구나. 유토피아를 가질 자격이 없구나'하고 실망하여 보자기에 싼 유토피아를 가지고 하늘로 올라가다가, 보자기가 풀려서 그 유토피아가 떨어지면서 여기저기 흩어져서 천섬이 만들어졌다고 합니다. 그러니까 천섬의 섬 하나하나는 제각기 유토피아 조각들인 셈이지요"

가이드의 설명을 들으며 씁쓸해지는 마음을 어쩔 수가 없었다.

저 아름다운 섬에 인간의 추악한 모습이 숨어 있다니. 또한 저 수많은 별장에는 부를 과시하고 아름다운 풍광을 혼자 즐기겠다는 인간의 추한 욕망이 숨어있는 것은 아닐까?

세인트로렌스 강은 그 중간으로 미국과 캐나다가 국경을 삼고 있어, 작은 섬과 작은 섬을 사이에 두고 다리 하나로 캐나다와 미국이 갈리는 국경이 되는 섬도 있다. 전기는 강바다에 전선을 매설하여 사용하고, 분뇨처리는 배로 하며, 식수도 배를 이용한단다. 특히 하트 섬의 볼트성이 인상에 강하게 남는 백미였다.

천섬 유람을 끝내고 2시 30분, 캐나다의 수도 오타와로 이동했다.

◆ 오타와

오타와는 캐나다의 수도이며 지방자치단체로 온타리오 주에서 두 번째로 큰 도시이다.

온타리오와 퀘벡사이의 수로는 지역 경계선을 형성한다.

두 도시와 주변 지역들은 수도권으로 지정되어 있다.

오타와는 미국 경제지 '포브스'가 뽑은 세계에서 가장 깨끗한 도시 4위, 또한 세계적인 인적자원 컨설팅 회사인 머서(Mercer)가 발표한 '삶의 질 평가보고서'에서는 가장 살기 좋은 도시 18위에 선정되었다.

나폴레옹 전쟁 때는 영국이 대량의 조선용 목재자원을 조달한 곳도 오타와 강 유역의 풍부한 삼림이었다. 벌목으로 확보한 목재는 리도 강을 이용해 오타와 강에서 온타리오 호 연안의 킹스턴까지 안전하게 운반했으며, 이 때문에 오타와의 개발이 촉진되었다.

1826년 영국 공병대의 존 바이 중령이 부임하여 운하를 건설하는 작업이 가속화되기 시작했고, 당시 작업의 지휘본부가 자리 잡았던 곳은 바이타운이라는 이름의 읍이 되었다.

오타와는 수도답지 않게 교육시설이나 문화시설은 의외로 빈약하다.

오타와의 중요한 교육시설로는 3개의 대학교를 들 수 있다. 오타와대학교와 세인트폴대학교는 2개 국어를 사용하고, 칼턴대학교에서는 영어로만 강의한다. 큰 규모를 자랑하는 알공킨지역사회대학에서는 기술교육을 담당한다.

오페라 극장과 영화관 2개를 갖춘 국립예술센터, 국립도서관 겸 공문서보관소, 국립과학기술박물관, 캐나다 국립미술관 등이 문화시설의 명맥을 유지하고 있다.

◆ 캐나다 연방 의회

캐나다의회는 현재 온타리오주 오타와시의 팔러먼트 언덕에 위치해 있다.

캐나다의 의회는 크게 총독이라는 캐나다의 군주를 대변하는 부왕, 상원, 그리고 하원으로 이루어져 있다.

상원과 하원의 양원제를 표방한다.

총독은 총리의 조언을 따라 상원의원 105명을 임명한다.

308명으로 이루어진 하원의원들은 캐나다 시민들이 각각 거주한 선거구에서 직접 투표해서 뽑는다.

영국 의회에서 작안한 헌법적인 관례에 따라 하원은 연방단계에서 실질적인 입법권을 갖는 입법부의 가장 중심적인 기관이며 상원과 국왕이 하원의 뜻을 드물게 반대한다.

총독은 의회를 공식적으로 소환한다. 또한 군주나 총독은 의회의 정회나 해산을 할 수 있으며, 일단 해산을 하면 바로 총선으로 이어진다.

오타와에 도착하자 찾아 간 곳은 의회이다. 오타와의회의사당은 오타와를 대표하는 건물이다. 높은 언덕에 자리잡고 있는 의회를 찾아가니 고전의 모습으로 지어진 건물이 우리를 맞이하고 있다.

건물 입구에는 365일 24시간 꺼지지 않는 큰 화로가 있다.

캐나다를 위해 목숨을 바친 군인을 기리기 위해 만들어 놓은 것이라 한다.

가까이 다가가니, 뜨거운 열기와 함께 가스 냄새가 콧속을 파고든다.

나라를 위해 승화한 분들에게 최대한의 예우를 함으로써, 다민족으로 이루어진 국가가 그들의 전통성을 지키기 위해 노력하는 모습을 볼 수 있었다.

문득 우리나라의 독립투사들에 대한 예우와 위상은 과연 어떤지 생각해 보았다.

화로를 지나 얼마쯤 걸어가자 세 개의 동상이 서 있다.

가이드에게 물으니, 하나는 누구인지 모르겠고, 하나는 캐나다의 젊은 영웅 테리폭스의 동상이라 한다.

테리폭스의 동상 앞에서 가이드가 18세의 테리폭스가 어떻게 하여 전 캐나다인의 존경을 받는 영웅이 되었는가를 설명해 준다.

"테리 폭스는 18세의 나이에 오른쪽 다리의 골육종(bonecancer)을 진단 받아 오른쪽 무릎위로 6인치 부분까지 절단하는 수술을 받았습니다. 수술후 그는 16개월 동안 암 치료를 받는 동안 병원에서 만난 수많은 어린이들이 암에 의해 고통 받고 절규하며 죽어가는 모습을 보며, 아직 너무 젊고 아름다운 많은 이들의 신체와 생명이 암으로 사라지고 있다는 것을 깨달았습니다."

테리폭스는 자신이 암을 극복한다면, 암 퇴치 연구를 위한 모금운동을 펼치리라 결심한다. 그 방법은 수술을 받은 오른쪽 다리에 의족을 차고 달리기로 캐나다횡단을 감행하는 것이었다.

많은 사람들이 한 다리와 하나의 의족을 가진 몸으로 달리기를 하는 것은 목숨을 건 대단히 위험한 일이라고 말렸지만 테리폭스의 고집을 꺾을 수는 없었다.

1980년 4월 12일에 불가능해 보였던 마라톤은 캐나다의 동쪽 끝에서 시작되었다.

테리폭스는 대서양 끝에서부터 태평양을 향해 총 143일 동안 5,373킬로미터에 이르는 거리를 하루도 쉬지 않고 달렸다.

테리폭스는 자신의 달리기를 '희망의 마라톤'이라 불렀다.

달리기의 목적은 암 연구 기금을 걷는 것이었다.

처음의 호응은 미미하였다.

그래도 그는 실망하지 않고 하루도 쉬지 않고 달렸다.

목숨을 건 달리기에 사람들의 관심은 높아져 갔고, 그가 달리는 길 위에는 돈이 쌓이기 시작했다.

하지만, 143일과 5,373킬로미터를 달린 후인 9월 1일에 테리는 온타리오 썬더 베이에서 달리기를 멈추어야만 했다. 왜냐하면 폐에 암세포가 번졌기 때문이었다.

온 국민이 슬퍼하며 젊은 영웅의 쾌유를 빌었지만 테리는 1981년 6월 28일 나이 22살에 생을 마쳤다.

캐나다의 국민들에게 암 치료법을 찾는 일이 절실히 필요하다는 사실을 알리려는 테리폭스의 희망의 마라톤은 헛되지 않았다. 테리의 죽음이후 1981년 '테리 폭스 재단' 설립으로 이어졌다.

암에 대한 사람들의 관심을 높이고, 암 치료와 연구에 필요한 기금을 마련하려는 젊은 영웅의 꿈인 '희망의 달리기'는 전세계 51개국의 나라에서 매년 지속적으로 계속되고 있다.

다른 하나의 동상은 엘리자베스여왕의 동상이다.

캐나다는 형식상 영연방국가이기 때문에 영국왕이 군주의 자리를 차지하고 있으며, 여왕의 임명을 받은 총독이 다스린다.

젊은 영웅 테리폭스의 짧지만 큰 삶을 되새기며 건물주변을 둘러보았다.

멀리 오타와강이 내려다보인다.

건물 안으로 들어가 보고 싶었지만, 따로 입장권을 끊어야 한단다.

입장권에는 입장할 수 있는 시간이 따로 기재되어 있다. 한꺼번에 너무 많은 사람이 입장하는 것을 막기 위해서란다. 그런데 입장권을 끊고 기다려야하는 시간이 너무 길다. 따로 입장료를 지불하는 것은 아니지만, 빠듯한 일정 때문에 건물 안 관람은 접을 수밖에 없었다.

◆ 총독 집무실 리도홀

리도홀은 캐나다 총독이 거주하는 관저이다.

캐나다 총독은 영국여왕이 임명하는 임기 5년의 상징적인 국가원수라고 볼 수 있다.

1950년대 이전에는 영국 출신들을 임명했었는데, 이후에는 캐나다인으로 임명하고 있다. 총독은 여왕대신 거주하며, 주권을 대리로 행사하는 것이지만 정치적 권한은 없으며 주요 인사들을 접견하고, 훈장을 수여하는 것들이 대표적인 역할이다.

리도홀로 들어가는 출입문에는 붉은 상의에 검은 털모자를 쓴 근위병이 서 있다. 무슨 일이 있어도 돌아보지 않아 멀리서 보면 조각인형을 닮아 있다. 어린 아이들을 비롯한 관광객들이 곁에 바짝 다가서서 기념사진을 찍어도 모른 체 시치미를 뚝 떼고 있다.

표정은 근엄하다.

총독관저로 가는 길에는 넓은 정원이 있다.

집무실까지는 숲이 잘 가꾸어진 공터가 있는데, 다른 나라 같으면 상상도 못하는 광경이 벌어지고 있었다. 아마 친구들 모임인 것 같은데, 야외용 탁자를 놓고 서로 파티를 즐기는 모습이었다.

총독집무실 앞 잔디밭 위에서 파티를 할 수 있는 나라!

권위와 힘보다 평등과 자유의 자연스런 발현을 보여주는 캐나다의 정서가 너무 부럽다.

정원에는 세계 여러나라의 대통령을 비롯한 국가원수들이 방문할 때마다 기념으로 심은 나물들로 빽빽하다. 김대중대통령을 비롯하여 김영삼 노무현대통령이 심은 나무들도 잘 자라고 있었다.

김대중 대통령께서는 1999년에 구상나무를 심었는데, 자람이 더딘 나무라 심은 지 20년이 되어가는 데도 많이 자라지 않고 있었다.

정원을 구경하고 관저에 앞에 서니, 관저 지붕위에 캐나다 국기가 펄럭이고 있었다.

가이드가 말했다.

"작고 아담한 듯하지만 170개의 방이 있는 큰 건물입니다. 1838년에 지어진 역사가 있는 건물이지요. 저기 지붕위에 캐나다 국기가 펄럭이고 있지요? 오늘은 총독이 안 계시는 모양입니다."

누군가 물었다.

"그걸 어떻게 알 수 있습니까?"

"국기가 조금 내려와 있지요? 총독의 부재를 알리는 표시입니다. 반대로 국기가 끝까지 올라가 있으면 총독이 안에 계시다는 표시이구요."

총독관저를 관람하고 돌아서서 리도홀을 나오는데, 잔디밭 위의 젊은이들은 여전히 웃고 떠들고 있었다.

그 웃음소리를 뒤로하고 역대 올림픽에서 레슬링의 양정모선수가 우리나라에 처음으로 금메달을 선사했던 몬트리올로 직행했다.

◆ 몬트리올에서의 랍스터 요리

여행을 하다보면 하루 세끼 먹는 일이 참으로 중요하다. 따라서 처음 해외여행을 앞둔 사람은 여행가방에 꼭 챙겨넣는 것이 있다.

김치와 고추장은 기본이고, 깻잎장아찌, 마늘장아찌에 평소 즐겨먹던 반찬 한 두 가지씩은 꼭 챙겨간다.

가이드가 주로 한식당을 예약하여 먹는 불편을 덜어주기는 하지만, 해외여행에서 먹는 한식이라는 것이 제 맛을 낼 리가 없다. 그럴 때 고국에서 가져온 고추장이나 김치 한 조각은 떨어진 입맛을 되살려 주기도 한다.

이번 여행에서 먹는 것의 최고봉은 역시 랍스터 요리였다.

치즈와 소스를 발라 구운 랍스터 요리가 내 침샘을 자극했다.

전에 연수차 인천에 가서 먹었던 랍스터가 떠올랐다. 그 맛도 일품이었는데, 캐나다의 랍스터 요리도 가히 버금가는 맛이다.

우리나라의 랍스터 요리 재료는 거의 캐나다에서 들어온다고 한다. 또한 여기 몬트리올이 랍스터 산지라고 한다.

우리나라의 토종가재를 뻥튀기기계로 튀겨놓은 것 같은 엄청난 크기의 랍스터를 산지에서 먹는 맛은 여행의 또 다른 별미였다.

현지 식사를 마치고 9시경, 몬트리올 외곽의 한 호텔에 여장을 풀었다.

여섯째 날 (2016. 8. 11. 목)

◆ 자끄 까르띠에 광장

자끄 까르띠에 광장(Place Jacques Cartier)은 몬트리올 구시가지의 중심에 자리잡고 있다.

광장입구로 들어서려는데, 동상 하나가 눈에 들어온다.

가이드에게 누구의 동상이냐고 물었더니 한 때 이곳을 통치했던 호레이쇼 넬슨(Horatio Nelson)의 동상이란다.

동상 앞에 서서 멀리 보이는 올드포트를 내려다 보았다.

올드포트는 10C초반 융성했던 모피교역장을 재건한 곳으로 온타리오서북부지역 최고의 관광지이다. 동상 앞에서 내려다보는 올드포트는 환상적인 전망으로 유명하다.

거리의 악사와 저글러, 판토마임 연기자, 초상화가, 캐리커처를 그려주는 미술가들로 가득해 언제나 관광객과 지역 방문객들로 붐비고 여름에는 거리를 메꾸고 들어서는 노천카페와 레스토랑이 하루 종일 활기찬 분위기를 만들어낸다고 가이드가 설명한다.

광장을 나와 시청과 성요셉 성당을 둘러보고, 공원에 들러 천천히 걸으며 이국의 정취를 몸으로 느껴 보았다.

몬트리올은 퀘백주인데, 퀘백주는 프랑스어를 주로 사용하고 있어서 토론토와는 사뭇 다른 분위기를 풍긴다. 한 나라의 가까운 거리인데도 강 하나를 사이에 두고 거주하는 사람이 달라지자 다른 나라에 온 것처럼 낯이 설었다.

그런 분위기 때문일까?

북미 사람들은 몬트리올을 '남미의 파리'라고 한단다.

작은 갤러리에 그림이 있고, 뭔가 예술적이고 감각적인 건물이 있다. 그리고 시청이 있는 곳 앞에 광장이 만약 밤에 보았다면 훨씬 낭만적이리라 생각이 들었다.

자유시간이 있어서 예술적인 느낌이 나는 작은 상점들을 돌아보았다. 소규모의 기념품 가게에서 캐나다 방문을 기념하기 위해 캐나다를 상징하는 기념 문장을 구입하였다.

어제 랍스터를 먹었던 식당으로 다시 가서 먹은 점심은 단체식인 관계로, 느끼해서 별로 좋아하지 않는 파스타 스파게티로 때울 수밖에 없었다.

문득 아내가 끓여주는 된장찌개와 김치찌개가 먹고 싶었다.

◆ 캐나다와 미국의 국경에 있는 면세점

가이드가 갑자기 심각한 얼굴로 일장연설을 하였다.

결론은 기념품가계에 들러야한다는 것이었다. 어차피 지인들에게 나누어 줄 기념품을 사야했기에 별 불만 없이 면세점으로 향하면서 세상사는 방법은 어디가나 같다고 생각했다.

면세점을 대강 한 바퀴 둘러보고 필요한 선물을 구입했다.

누님과 동생에게는 캐나다 고유의 특산품인 메이폴(단풍잎)시럽을 두병, 직장동료들과 함께 먹을 메이폴 쿠키를 18개 들이로 한 박스 샀다. 그리고 여자 동료의 조언과 도움을 받으며, 딸 선물로 디자인이 빼어난 블로바 시계를 샀고, 집사람 선물로는 여성들이 선호한다는 기능성 잔주름살 제거 화장품을 샀다.

구매한 물건을 들고 차에 오르니, 가이드가 반가운 표정을 지었다. 이윽고 다리를 건너 미국 땅으로 들어 왔다. 뉴햄프셔주와 매사

셔세츠주의 경계 부근인 콩코드지역에 도착하여 중국식 뷔페식당에서 저녁을 먹고, 근처 호텔에 여장을 풀었다.

집사람과 카톡으로 장시간 통화하면서 선물자랑을 하였는데, 집사람은 "잔 주름살도 별로 없는데 괜히 기능성 화장품을 샀다"고 말했다.

일곱째 날 (2016. 8. 12. 금)

◆ 하버드대학

오늘은 하버드대학교의 캠퍼스를 밟는 날이다.

내가 하버드대학을 처음 만난 것은 오래전 TV드라마를 통해서 였다.

제목이 '하버드대학의 공부벌레들'인가 그랬는데, 주인공이 캠퍼스에서 강의실로, 강의실에서 아르바이트장소로 자전거를 타고 부지런히 돌아다니는 모습만이 기억에 남아있다.

하버드대학교는 미국이 영국의 식민지 시절이었던 1636년 식민지관할위원회로부터 승인을 받고 설립되었다. 미국 최초의 대학교로 1638년 처음 수업을 시작했으며 '뉴 칼리지'라는 교명으로 불렸으며 설립 목적은 성직자 양성이었다.

교명을 하버드대학으로 바꾼 것은 1638년 책 400권과 재산의 절반을 대학에 기증한 청교도교회 목사 존 하버드의 뜻을 기리기 위해서였다.

초기에 하버드대학교는 교회의 후원을 받았으나 200년 정도 지나면서 점차 교회와 정치의 간섭으로부터 벗어났으며 교육과정개혁에서도 대학교육의 선도적인 역할을 했다. 낡고 딱딱한 고전적인 교육과정 대신 학생들이 탐구하고 싶은 과목을 스스로 선택할 수 있는 선택과목제도를 도입한 것도 하버드대학에서 시작되었다.

하버드대학교는 미국뿐만 아니라 세계대학순위에서도 최상위권을 기록하고 있다.

하버드대학교에서는 1. 2학년 때에는 전공구분 없이 자유롭게 수강할 수 있다.

3학년 때 전공분야를 결정하고 해당 학과에 지원하여 전공수업을 듣고, 학위를 수여받게 된다.

한국인 동문으로는 이승만 전대통령과 첼리스트 장한나, 철학자

김용옥 등이 있다.

조식 후, 보스턴으로 약 1시간 이동, 명실상부한 세계 제일의 대학 하버드에 아침 9시경 도착하였다. 하버드 대학은 보스턴이 아닌 케임브리지 시티에 있다. 미국의 학제는 9월 1일이 새 학년의 시작으로, 8월은 졸업시즌이란다. 그리고 졸업도 각 과별로 알아서 하는 졸업으로 우리와 문화가 다르단다.

하버드대학에서는 캠퍼스란 단어가 없어 야드라는 단어를 사용한단다. 우리 나라 대학교처럼 정해진 공간 안에 학교 건물들만 있는 것이 아니라 엄청난 넓이의 야드에 식당이며 옷 가게, 커피숍 등 다양한 상가들이 있어서 대학교 같지가 않고 소도시의 시내 거리를 돌아다니는 느낌이었다.

캠퍼스에는 미국 최초의 대학설립자인 존 하버드 동상이 서 있는데, 가이드는 그 받침대에 3개의 거짓말이 존재하고 있다고 설명한다.

첫째, 하버드는 설립자가 아니라 책을 기부한 기부자라는 것이다.

둘째, 동상의 얼굴은 그 모습이 존 하버드가 아니라, 동상 설립 당시 재학생 중에 한명을 모델로 세우고 빚었다는 것이다.

셋째, 구두를 만지면 공부를 잘 한다고 하는데, 절대로 그렇지 않다는 것이다.

어떻든 관례대로 너나없이 하버드 동상의 발을 잡고 기념촬영을 하였다.

또 하버드대학교는 야드에 있는 대부분의 건물은 1학년 기숙사이고, 1학년만 사용하는 식당이 따로 있는 등, 신입생에게 최고의 대우를 해 주는 학교란다. 기부입학도 가능한데 들어오기는 쉬워도, 졸업이 가장 어려운 학교가 하버드대학이라고 하니, 그 명성은 그냥 얻어지는 것이 아니라고 생각했다.

◆ 매사추세츠 공과대학(MIT대학)

하버드대학을 나와 5분 쯤 걸어가니 MIT대학이 나타났다. 명문 중의 명문대학 두 개가 나란히 이웃해 있는 것이다.

MIT대학은 연구 중심의 공과대학교이다. 지질학자인 W.B. 로저스가 과학의 진흥과 개발을 목적으로 1861년에 설립했으며, 설립 이래 이공계, 인문과학, 건축 등 다양한 분야에서 유명한 과학자들을 배출했다.

개인적으로는 아들이 공대를 졸업하고 벤처기업을 운영하고 있어서인지, 하버드대학보다 더 관심이 가는 대학이었다.

괴짜 천재들이 창의적 발명을 하는 대학!

그래서 벤처 기업이 가장 많은 대학!

우리나라 공대생들이 졸업 후에 가장 많이 가서, 석사 및 박사학위를 받으려고 꿈을 갖는 대학이지만, 적응하기가 쉽지 않다고 한다. 창의성을 생명으로 하는 대학이기 때문에, 암기와 강의 위주의 수업에 익숙한 우리나라 학생들은 무척 힘들어 하고, 졸업을 못하는 경우가 많다고 한다.

대한민국 교육의 현주소를 가이드가 정확히 집고 말한다.

미국은 창의적이고 자발적인 자기주도적 학습을 교육의 보편적 진리로 추구하고 있는데, 우리는 왜 미국이 실패하여 던져버린 정책만 가지고 와서, 실험하는지 모를 일이다. 더군다나 그 바탕에 토론과 토의와 실습이 주된 방법이 아닐 바에는 절대로 성공하지 못하는 정책들 때문에, 얼마나 많은 교육적 희생이 있었는지 돌이켜 본다.

이래서 교육혁신이 필요하고 모든 교육기관이 변해야 한다고 생각한다.

MIT대학 탐방을 끝내고, 또 다른 유명대학 보스턴 칼리지와 버클리 음대를 둘러보는 걸로 케임브리지에서의 대학교탐방을 끝냈다.

다음으로 찾아간 곳은 미국 동부지역 최대 규모의 우드베리 아울렛이었다.

동부지역최대규모라는 가이드의 설명대로 규모가 엄청났다. 2시간 동안 매장을 둘러보면서 아내가 가지고 싶다던 가방을 찾았으나 보이지 않았다. 그렇다고 따로 필요한 물건이 있는 것도 아니라서 시간 때우기로 동료들의 쇼핑을 구경했다.

풍요속의 빈곤이라고 할까? 물건은 많았으나 내게 필요한 단 한 가지 물건은 없었다.

우드베리 아울렛을 나와 전용버스를 타고 이번 해외연수의 첫 숙소였던 뉴저지의 클린턴 호텔로 다시 와서, 여장을 풀었다.

여덟째 날 (2016. 8. 13. 토)

◆ 엠파이어스테이트 빌딩 전망대

조식 후, 하루 종일 뉴욕 맨허튼 관광이 이어졌다.

첫 번째로 방문한 곳이 엠파이어스테이트 빌딩이다. 어렸을 때, 세계에서 가장 높은 빌딩이라고 배웠던 바로 그 건물이었다.

엠파이어스테이트빌딩은 높이 443m의 102층 건물로 1931년 공사를 시작하여 2년 만에 지어진 뉴욕을 대표하는 랜드마크이다.

매년 4백만 명의 관광객들이 이곳을 방문할 정도로 유명한 엠파이어 스테이트 빌딩이지만 경제 공황 때에는 빈 사무실들이 많아 '텅빈 주의 빌딩(empty state building)'이라는 오명을 둘러 쓴 적도 있었다고 한다.

뉴욕의 야경을 한눈에 볼 수 있는 전망대라는 명성만으로 수많은 관광객들을 불러 모은다. 9. 11테러로 쌍둥이 빌딩이 무너진 이래

로, 뉴욕에서 가장 높은 빌딩이 되었지만 제1의 테러 대상이라는 소문이 있어서 그런지 오피스 입주자들이 사무실을 내놓는 경우가 많아졌다고 가이드가 설명해 주었다.

아침 일찍부터 서두른 덕에 오래 기다리지 않고 건물 안으로 입장하였다. 86층 중간 조망대에서 동서남북으로 돌아가면서 관람했는데, 그 높은 위치에서도, 너무 날씨가 더워서 건물 안에 들어가서 유리창 너머로 관람하였다.

엠파이어스테이트 빌딩에서 내려다보면 동쪽으로는 이스튼 강이 흘러가고, 서쪽에는 맨허튼 중심부의 빌딩숲들이 빼곡하다. 남쪽은 멀리 9. 11 테러로 없어진 쌍둥이

빌딩을 대신하여, 하나로 세워진 세계무역센터 건물이 보이고, 북쪽은 첫날 탐방했던 센트럴파크가 맨허튼 북쪽 정중앙에 녹색의 푸르름으로 자리 잡고 있었다.

거미줄같이 얽힌 도로위로 뉴욕의 노란택시들이 개미처럼 기어가고 있다.

내려오는 길에 안내하는 직원이 우리를 대한민국 사람으로 알아보고 서울에서 왔냐고 묻는다. 웃음으로 대답해 주고 인근에 있는 한인식당 부근에 도착하니, 오전 11시, 1시간의 자유 시간을 줘서 맨허튼에서 가장 크다는 백화점을 방문했다.

가족 중 아직 선물을 시지 못한 아들 몫으로 가죽 슬리퍼를 여기서 살 수 있었다. 키가 185센티미터이고 발도 대발이라, 백화점에서도 제일 큰 사이즈로 구입하였는데, 좀 큰 것 같기도 하였지만, 바로 밑 단계 사이즈가 아들에게는 좀 작을 것 같아 그냥 구입하였다. 시간이 모자라 부리나케 식당으로 뛰다시피 가서 점심을 먹고, 전용버스에 탑승, 유엔본부 건물에서 정차하여 동료들과 기념사진을 찍고, 자유의 여신상을 보기 위해 유람선 선착장으로 갔다.

◆ 자유의 여신상

캐나다도 그렇지만 미국 역시 전세계에서 '아메리칸드림'을 안고 모여든 이민자의 나라이다. 그 이민자들이 가장 먼저 만나는 것이 '자유의 여신상'이었다.

기단에는 "자유롭게 숨쉬길 갈망하는 너의 지치고 가난한 무리들을 내게 보내다오"라는 글귀가 새겨져 있다. 고국에서의 삶이 어떠했건 자유의 여신상은 새로운 꿈을 안고 고국을 떠나 온 수많은 이민자들에게 새로운 삶을 약속하며 미국이라는 꿈의 땅으로 인도하는 상징물이었다.

높이 46미터의 자유의 여신상의 정확한 이름은 '세계에 빛을 비추는 횃불을 든 자유의 신상'으로 기단까지 포함하면 키가 93미터이다. 발밑에는 노예해방을 뜻하는 부서진 족쇄가 놓여 있고 치켜든 오른손에는 횃불, 왼손에는 '1776년 7월 4일'이라는 날짜가 새겨진 독립선언서를 들고 있다.

20세기 초 뉴욕에서 처음 미국 땅을 밟았던 수많은 유럽이민자들을 환영한 자유의 여신상의 고향은 미국이 아니라 프랑스 파리이다. 프랑스의 조각가 프레데리크 오귀스트 바르톨디(Frederic Aguste Bartholdi)가 자유의 여신상을 설계했는데 그는 구상부터 시공까지를 모두 담당한 기획자라고 할 수 있다.

자유의 여신상은 1876년 미국 독립 100주년을 기념해 프랑스가 미국에 선물한 것이다.

자유의 여신상은 지상에서보다 바다위에서 보는 것이 제대로 볼 수 있다.

이날 뉴욕의 날씨는 체감으로 40도를 오르내릴 만큼 엄청 더웠다. 다행이 양산을 겸한 우산을 가져간 덕분에 상당히 효과적으로 따가운 직사광선을 피할 수 있었다. 유람선을 타고 1시간 동안 자유의 여신상을 멀리서 보면서 사진을 찍었다.

카메라 셔터를 누르는 순간순간 오랜 항해 끝에 자유의 여신상을 보고 '아, 꿈의 땅에 드디어 도착했구나'하는 안도감에 눈물을 흘렸을 수많은 이민자들을 떠올려 보았다.

자유의 여신상이 이민자들의 눈물을 뽑았다고 해서 '눈물의 여신'이라고도 부른다고 가이드가 설명해 주었다.

미국과 프랑스 국민들의 친목을 기념하기 위해 제작된 자유의 여신상은 1876년 위풍당당하게 그 거대한 모습을 드러냈다. 원래는 미국 독립선언 100주년 기념일에 맞춰 자유의 여신상을 완성하기로 되어 있었다. 하지만 재정 조달에 어려움을 겪었다. 결국 프랑스는 조각상 제작에 필요한 자금을, 미국은 받침대 건립 자금을 각각 분담하여 자유의 여신상을 건립할 수 있었다고 가이드가 제작과정을 설명해 주었다.

흔히 자유의 여신상을 프랑스가 미국에 기증한 것으로 알고 있지만, 정확히 말하면 프랑스와 미국이 반반씩 분담하여 건립한 것이라는 것이다.

자유의 여신상은 이민자들의 꿈을 키워주었을 뿐만 아니라, 미국의 자유를 상징하고 발전을 기원하는 것으로 알려져 있다.

유람선은 자유의 여신상을 앞에 두고 길게 돌아, 이스트강을 가로지른 브루클린과 맨허튼 다리까지 올라갔다가 다시 선착장으로 돌아왔다.

맨허튼의 남쪽은 중요한 명소가 많아서, 아예 걸어가면서 보기로 했다.

먼저 워싱턴 광장에서 초대 대통령의 동상과 직무를 했던 건물을 보고, 또 다른 미국의 아픔과 다짐이 서린 9. 11 그라운드 제로로 가서 한동안 머물렀다.

◆ 9. 11 테러현장, 그라운드제로

쌍둥이 건물이 있던 자리에는 똑 같은 크기의 검은 대리석을 사각형으로 만들어, 각각의 건물에서 희생된 사람들의 모든 이름을 새겨놓았고, 안쪽은 분수를 만들어서 물이 떨어지게 하였는데, 이 분수는 두 가지의 의미로 만들었다 한다.

첫째는 당시 비행기 테러로 무너지는 모습을 연상하여 그 때를 잊지 말자는 의미로, 둘째는 죽은 이를 애도하는 슬픔의 눈물을 흘리는 가족들의 눈물 흘림의 의미를 가지고 있다고 했다.

두 눈물 폭포를 사이에 두고 9. 11 박물관을 지어서, 당시의 상황을 알 수 있게 하였는데, 들어가고 싶었으나 줄이 너무 길어서 시간상 포기해야 했다.

◆ 록펠러 센터와 NBC 방송국

록펠러 센터와 NBC 방송국 앞, 지하 광장을 여름에는 다양한 음식을 파는 푸드 코드로 사용하고, 겨울이 되면 실내 스케이트장으로 쓴다고 한다. 이것이 미국이 가지고 있는 실용성의 표본이 아닐까 생각했다. 단순하고 실질적이며 효율적인 것에 익숙해 져 있는 게 미국의 문화라면, 우리의 문화는 깊이가 있고 명분이 뚜렷하고 변하지 않는 은근과 끈기의 정신이 깃들어 있지 않는가?

좋은 것을 배우고, 좋은 것을 지켜 나가는 것이 삶의 바른길일 것이다. 때로는 실용적으로, 때로는 전통적인 무게감으로 삶을 살아가야 할 것이다.

센터 내부와 방송국 스튜디오를 둘러본 뒤, 저녁식사는 엠파이어 빌딩 부근의 한인식당에서 삼겹살과 전북 진안에서 직수입한 묵은

지로 만든 뼈다귀 탕을 먹었다.

그리고 이번 뉴욕 여행의 하이라이트, 브로드웨이 뮤지컬 '오페라의 유령'을 보기 위해 공연장 근처로 이동했는데, 공연에 앞서, 가이드가 명실상부한 맨허튼의 1번지라는 '타임 스퀘어'에서 1시간의 자유시간을 주었다.

◆ 광장 타임스퀘어

말로만 들어왔던 타임스퀘어! 연말연시에 TV에서 잠깐씩 보았던 그 광장! 오늘 와서 깜짝 놀랐다. 광고의 현란함, 모든 것들이 빠르게 움직이는 전광판, 세계의 모든 인종이 모여 있는 것 같은 그 많은 사람들, 이제 뉴욕에 온 것을 실감하는 순간이었다.

타임스퀘어는 42번 스트리트와 7번가 그리고 브로드웨이가 만나는 삼각지대를 일컬어 붙인 이름이다. 높은 빌딩과 화려한 네온사인 그리고 살아 움직일 것 같은 고해상도의 각종 광고들이 가득한 뉴욕에서도 관광객들로 하여금 카메라셔터를 가장 많이 누르게 하는 곳이다.

가이드가 말했다.

"한때 타임스퀘어는 범죄와 마약 그리고 부도덕함의 대명사로 불리였지요. 그러던 것이 '루돌프 길리아니' 전 뉴욕시장이 범죄와의 전쟁을 벌인 끝에 지금의 안전한 관광명소로 탈바꿈시켜 놓은 것입니다."

'길리아니 시장 전에는 뉴요커들이 범죄가 두려워 타임스퀘어를 피해 다녔다면, 지금의 뉴요커들은 길을 막고 서서 카메라 셔터를 눌러 대는 수많은 관광객들과 혼잡한 교통 상황 때문에 외면한다고 하니, 뉴요커들에게 타임스퀘어는 여전히 불편한 곳이라고 볼 수 있겠다.

밤에 화려하게 빛나는 타임스퀘어의 상징인 간판들은 사실 낮에도 켜 있다. 단지 태양빛이 강해서 보이지 않는 것일 뿐이다. 별은 낮에도 떠 있지만 태양빛에 가려 사람의 눈에 보이지 않는 것처럼 타임스퀘어의 간판들도 마찬가지이다.

타임스퀘어에는 세계 일류기업들이 대형광고판을 설치하여 운영하고 있는데 광고비가 비싸기로 유명하다고 한다. 우리나라 기업

중 삼성광고만 하루 종일 틀어대는 전광판도 있다.

매해 12월 31일 열리는 볼드랍(Ball drop) 행사는 출연자나 관람자 모두에게 꿈의 무대이기도 하다. 인기가수들을 섭외해 공연이 펼쳐지고, 자정이 되면 불꽃놀이와 엄청난 조명들 사이로 떨어지는 색종이들이 정말 장관이란다.

강남스타일이 대히트를 친 2012년, 싸이와 무한도전 멤버 유재석, 하하, 노홍철이 공연했던 곳도 바로 이 볼드랍 무대로 내가 타임스퀘어에 관심을 가진 계기가 되었다.

주어진 1시간이 너무 아까워 열심히 눈으로 보고, 사진으로 담고 다녔다. 젊은 아가씨들이 광장에서 흥겹게 춤을 추며 남자들을 선택하는 광경을 보고, 혹여나 붙잡힐 수도 있을 것 같아서(?) 얼른 그 자리를 도망쳐 나왔다.

기념품 가게, 음식 가게, 옷 가게, ABC방송국, 백화점 등을 둘러보다가 시계를 보니, 뮤지컬 공연장에 입장할 시간이 다 되어 정신없이 뛰어 갔다. 뉴욕의 3대 볼거리는 오페라 공연, 재즈 공연, 미술박물관 견학이라고 한다. 그 중에서 한가지만이라도 똑바로 보고 가자는 심리가 작용했다.

◆ 브로드웨이의 뮤지컬 '오페라의 유령'

9. 11. 이후, 많은 사람이 모이는 유명 공연장에서는 가방 검사 등 휴대품 검사를 한다는데, 여기서도 마찬가지였다. 테러와의 전쟁이었다.

브로드웨이는 맨허튼 남쪽 끝인 배터리 공원의 네덜란드 기념탑 앞에서부터 뉴욕 시청과 유니언 스퀘어 공원, 센트럴 파크의 남동쪽 모서리, 링컨 센터를 거쳐 북쪽으로 이어지는 큰 길을 가리킨다. 맨허튼 지역 중심가인 41번가와 53번가 사이에 극장들이 밀집해 있으며 오랫동안 미국 제일의 연극 공연장으로 이름을 떨쳤다.

'브로드웨이'라는 명칭은 미국 연극계와 실질적인 동의어로 사용되기도 했다.

1920년대 중반 80여개에 달하던 1천석 규모의 브로드웨이극장이 현재는 절반으로 줄어 약 40개만 남아있다.

'오페라의 유령'은 영국의 기자이자 추리소설 작가인 가스통 르루가 파리 오페라 극장의 구조와 지하에서 영감을 얻어 사실적인 구성과 문체로 그려낸 일종의 추리소설로 영화나 연극으로 상영되고 공연되면서도 추리적인 요소가 포함되어 있다.

순결하고 아름다운 여인과 흉측한 괴물 사이의 사랑을 그린 '오페라의 유령'은 막이 오르는 순간부터 막이 내리는 순간까지 관객을 긴장 속으로 몰아넣는다.

무대는 화려하고 웅장하다.

그 안에 이야기 전개를 위한 비밀스런 장소들이 숨어있다.

안개에 둘러싸인 지하의 호수, 마법과도 같은 목소리와 영혼을 사로잡는 음악.

신비로운 배경 속에서 기묘한 사건들이 벌어지고 불꽃같은 사랑은 숭고한 희생을 불러온다.

기다리는 시간에 영화로 보고 책으로 읽었던 줄거리를 떠올려 본다.

19세기 후반의 파리, 신인 오페라 가수 크리스틴 다에는 대역으로 무대에 선 뒤, 극찬을 받으며 프리마돈나로 등극한다. 그녀를 단번에 오페라의 여왕으로 등극시킨 실력은 극장 지하에 은둔하던 '오페라의 유령' 에릭의 특별지도 덕분이었다. 에릭은 천부적인 예술적 재능을 가졌지만, 기괴한 얼굴 때문에 사람들 앞에 나타나지 못하고 극장 지하에 숨어 살며 함정을 설치하고 기묘한 범죄를 저지르며 극장에서 크고 작은 사건을 일으킨다.

에릭이 사랑을 갈구하며 크리스틴 앞에 모습을 드러낸다. 하지만 그녀는 이미 소꿉친구인 라울 자작과 사랑하는 사이였다. 이루지 못할 사랑에 절망한 '오페라의 유령' 에릭은 집착과 광기를 어쩌지 못하고 크리스틴을 납치하여 지하에 가둔다. 라울이 실종된 크리스틴을 찾기 위해 오페라 극장 지하를 뒤지다 에릭의 인질이 된다. 에릭은 진정으로 자신을 동정하고 라울을 위해 희생을 마다않는 크리스틴의 눈물어린 입맞춤에 결국 그녀를 라울과 함께 떠나보낸다.

'오페라의 유령'을 공연하는 극장의 객석은 가득 차 있었다. 주위를 둘러보니 대부분의 관객은 백인이거나 여행 온 관광객들이었다.

이상한 것은 흑인은 하나도 보이지 않는다는 점이었다.

'왜 흑인들은 관람하지 않는 것일까? 돈이 없어서? 아니면 문화의 수준 차이가 있어서?, 본래 흑인들은 관심이 없는 분야이기 때문에? 그래도 이렇게 한 명도 없을 수 있을까?'

이러한 생각에 빠져 있을 때에 8시 정각, 드디어 무대가 어둠에 쌓이고 안내 멘트가 울리고 뮤지컬이 시작되었다. 대략의 줄거리는 알고 있지만, 그래도 짧은 영어 실력으로 세세한 부분을 파악하지 못하여, 백인들은 웃는데, 우리들은 웃지 못하는 경우가 몇 번 있었다.

아마 뮤지컬 특유의 해학적인 표현을 우리가 이해하지 못했기 때문일 것이다.

공연 내내 제한된 무대를 무한대로 활용하여 드러내는 연출의 뛰어남에 놀랐다. 때로는 천정에서, 때로는 1등석에서, 때로는 관객석 맨 앞에서, 때로는 관객석 맨 뒤에서, 공연이 진행되고 있었다. 극장 전체가 무대노릇을 하고 있었다.

물을 건너는 배의 모습이 너무나 실감나서, 정말 그 기술에 놀랐다. 마치 내가 그 배를 타고 바다 위를 항해하는 느낌이 들 정도였다.

브로드웨이 팀의 음향시설과 무대장치 등은 국내에서 보아왔던 다른 공연들과는 전혀 딴판이었다. 똑 같은 공연을 같은 배우들이 하여도 공연장에 따라 큰 차이가 있다는 것을 느낄 수 있었다.

뮤지컬이 끝난 후에 배우들의 인사가 있고, 주인공인 유령 역을 맡은 배우가 나오자 모든 기립하여 박수를 치는 광경에서, 아 이것이 뮤지컬이구나! 라고 감탄하였다.

극장을 나와서 버스에 올라 야경의 뉴욕 맨허튼 빌딩들을 보면서, 뉴욕과의 마지막 작별을 마음으로 고하고, 클린턴 호텔로 돌아오니 오후 11시 30분이었다.

아! 오늘은 정말 많이 돌아다니고 많은 것을 보고 많은 것을 듣고, 많은 것을 느끼며 많은 것을 생각한 날이었다.

아홉째 날 (2016. 8. 14. 일)

◆ 미국 국내선 뉴욕 공항 및 시카고 국내선 공항

첫 번째 날과 일곱째 날, 여덟 째 날을 머물러 정이 든 뉴저지주 클린턴 호텔에서의 조식 후, 뉴욕 국내선 공항으로 가서 델타 비행기로 시카코로 갔다. 공항 검색이 강화되어 조금만 의심 되어도 여행 가방이 뒤집어 지는 경우가 다반사란다. 내 여행 가방도 완전히 뒤집어졌다는 뒷 소식을 들었다. 한 시간 가량이 늦어져 1시 15분 출발, 2시간 10분 시카고 국내공항에 도착하니, 시차가 1시간 늘어나서 시카고 시간으로는 3시 10분이 되었다. 1.5세대 고등학교 때에 이민 온 시카고 담당 가이드 '시카고 조'는 느낌이 너무 좋았다. 명쾌하게 진행하는 가이드로 짱이었다.

◆ 박물관 광장 및 미시간 호

시카고의 첫 방문지인 시카고 박물관 광장 끝에 시카고 천문대가 있는 곳에서 전용버스가 멈추고 가이드의 설명이 있었다.

"저기 보이는 건물이 미국 3대 자연사 박물관 중의 하나인 시카고 자연사박물관입니다. 시카고에는 자연사박물관을 비롯하여 미술. 역사. 건축디자인. 과학산업 박물관과 어린이 박물관이 있습니다. 가히 박물관의 도시라고 해도 틀린 말은 아닐 것입니다."

다른 박물관은 대강이라도 짐작을 할 수 있겠는데 어린이 박물관이 궁금하여 물어 보았다.

"어린이 박물관은 어떤 곳입니까?"

"어린이들을 위한 특별한 공간이라고 보시면 됩니다. 박물관이라고 하여 냄새나는 옛 물건을 전시해 놓은 것이 아니라, 시카고어린이 박물관은 어린이의 미래의 꿈을 키우는 공간 노릇을 하고 있지요. 어린이들이 자유롭게 놀고 탐색하며 세상과 주변 환경을 알아가는 것을 목표로 하고 있는데, 3층으로 된 건물 안에는 발명관, 트리하우스 트레일 등 다양한 주제와 활동 영역을 가진 15개의 상설 전시관이 감각적으로 꾸며져 있습니다. 물을 이용한 활동을 통해 과학 원리를 깨달을 수 있는 물놀이관, 끊임없이 관심의 대상이 되는 공룡탐색관, 오감자극을 통해 아이들의 발달을 돕는 영유아 놀이관, 다양한 역할놀이를 통해 인간관계를 이해하고 소통의 중요성을 배우는 키즈타운 등 아이들은 모든 전시관을 자유롭게 오가며 원하는 활동을 할 수도록 꾸며져 있습니다. 한 마디로 어린이들의 즐거운 놀이터라고 보시면 될 것입니다. 자, 뒤를 돌아보십시오. 엄청나게 큰 호수가 보이지요? 바로 미시간호입니다."

미시간호(Lake Michigan)는 오대호 중 하나로, 오대호 가운데 유일하게 호수 전체가 미국 영토에 포함된다고 한다. 북쪽부터 시계방향으로 미시간 주, 인디애나 주, 일리노이 주, 위스콘신 주 등 다섯 개의 주와 접해있으며 오대호 중 2번째로 큰 호수이다.

끝이 보이지 않는 미시간호를 눈에 담고 있는데, 가이드가 설명한다.

"저 바다 같은 미시간 호수는 그 크기가 경기도를 제외한 우리나라 전체 면적과 비슷합니다."

미시간호를 배경으로 서 있는 빌딩들은 빌딩이 아니라 꼭 그 자리에 서 있어야할 자연의 숲처럼 보였다.

미시간호를 가슴에 가득 담고 시카고의 2번째 랜드 마크인 밀레니엄파크로 갔다.

◆ 밀레니엄파크

미국의 여러 공원 가운데서도 가장 공원다운 공원을 꼽으라면 당연히 시카고밀레니엄파크를 내세울 수 밖에 없겠다. 그러나 그 탄생까지 아름다운 것은 아니었다.

시카고 밀레니엄파크는 본래 시카고 대화재에서 생긴 폐기물을 미시간 호에 버리면서 새롭게 생긴 매립지에 조성한 것이 그 시작이다.

시카고 대화재(Great Chicago Fire)는 1871년 10월 8일 토요일부터 10월 10일 화요일까지 미국 일리노이주 시카고에서 일어난 대화재로 300명 가까이 사망하고, 10만명 이상의 이재민을 낸 19세기 미국에서 일어난 화재 사건 중 가장 큰 규모였다.

시카고 도심 지역이 완전히 파괴되었지만 화재 이후 재건을 통해 시카고는 미국에서 가장 큰 경제 중심지 중 하나로 성장하게 된다.

시카고 밀레니엄파크는 시카고대화재의 폐기물을 미시간호에 버리면서 생겨난 매립지에 조성한 것으로 우리나라로 치면 난지도 같은 곳이라고 해도 될 것이다.

공원을 감각적으로 꾸미고 이용객들을 위한 공간으로 만들기 위해 다양한 노력을 거듭한 결과 문화와 예술, 휴식과 자유를 상징하는 시카고의 특별한 곳, 대표 명소가 되었다.

모든 조형물과 건축물, 시설물은 세계적인 작가의 작품으로 구성되어 있고 미술관의 설치미술을 그대로 옮겨놓은 것 같은 작품들은 편하게 감상할 수 있도록 여기저기 흩어져 있다. 또한 시카고 시민

뿐 아니라 시카고를 방문한 관광객들 모두가 함께 즐길 수 있도록 기획된 다양한 문화 행사와 이벤트가 가득하다.

한마디로 시카고 밀레니엄파크는 공원, 미술관, 공연장, 놀이터 등의 기능이 집약된 복합문화공간 노릇을 톡톡히 하고 있다.

가이드가 시카고 밀레니엄파크를 설명해 주었다.

"이 공원을 만들기 위해 모든 경제적 이득을 포기하였습니다. 무려 4킬로미터 안에는 어떤 건물도, 어떤 상업적인 요소도 들어올 수 없도록 하여 시민을 위한 완전한 공간으로 녹색의 지대를 이루었습니다. 한 마디로 밀레니엄파크는 시카고의 자부심이라고 볼 수 있습니다."

가이드의 계속된 설명에 의하면 시카고 밀레니엄파크를 오늘날처럼 만든 것은 두 명의 시장 덕분이었다고 한다. 아버지인 리차드 J 데일리와 아들인 리차드 M 데일이 그들이다. 오직 시카고의 발전을 위해서 노력하다가 시장실에서 순직한 아버지, 그리고 그 뒤를 이어 시장으로 최선을 다한 아들, 아버지의 뒤를 이어 정책의 일관성을 유지한 아들 덕분에 시카고는 눈부신 발전을 이룰 수 있었다.

이것이 미국의 보이지 않는 힘이라 생각한다. 민주주의는 국민이 주인인 세상이다. 학교가 학생이 주인이듯이…… 이런 정치가 무려 50년을 이어 왔기에 시카고는 오늘날 가장 미국다운 도시가 된 것이었다.

공원 안에서 조형물로 시카고를 찾은 관광객은 반드시 본다는 조형물 '클라우드 게이트' 앞으로 갔다. 정말 많은 관광객들이 모여서 사진을 찍고 있었다.

인도 출신의 조각가 아니슈 카푸르 작품의 거대 조각 작품으로 2004년부터 2006년에 걸쳐 만들어졌다. 마치 콩을 놓은 것 같아서 '더 빈'이라는 별칭으로 더 유명한 곳에서 너도 나도 사진을 찍었다.

◆ 미시간 유람선으로 본 시카고 빌딩숲

시카고에서의 마지막 투어는 유람선으로, 시카고 빌딩숲을 가까이서 보고, 미시간 호로 나가 전체를 조망하는 것이었다. 선착장에 도착하자마자, 시카고의 '트럼프 빌딩'이 가장 먼저 눈앞에 펼쳐져 진다. 이 '트럼프 빌딩'은 이번 여행 맨 처음 날 뉴욕 맨허튼 센트럴 파크 부근에도 있었다. 어떻든 트럼프는 갑부는 갑부인가 보다……

여기 시카고 날씨는 약간 가을 날씨 분위기여서, 배의 선상에 올라서니 제법 쌀쌀한 기운이 몸에 스며든다. 뉴욕의 유람선과는 달리, 여기서는 해설사가 유창하게 해설을 해 줘서, 빌딩숲을 감상하는 것이 더욱 의미가 있었다. 누가 뭐랄 것도 없이, 관광객 모두 사

진을 찍기에 정신이 없었다. 해설사는 약간 덩치가 있는 여자였는데, 해설을 쉬지 않고 너무 잘해서 중간 중간에 박수를 받기도 하였다. 그리고 잘 모르는 것을 질문해도 친절하게 답해 주어서, 1박으로 마치는 시카고 관광이 내내 아쉬웠다.

시카고 빌딩숲은 절대로 같거나 비슷한 것이 없다고 한다.

"시카고 사람들은 더 큰 것을 위해서라면 자신이 손해를 보더라도 모두가 동참하는 참여적 민주주의를 실현하고 있습니다. 그것이 오늘날 가장 미국다운 도시 시카고, 살기 좋은 도시 시카고를 이룬 힘이라고 해야겠지요."

선상을 울리는 가이드의 목소리에 미국의 힘을 새삼 느꼈다.

아니 시카고의 힘이 가슴을 두드렸다.

1시간 30분의 유람선 관람을 마치고, 이제 저녁 식사를 위해 한인 마을로 가서 아구찜을 먹고, 시카고의 마지막 밤이자 미국의 마지막 밤, 그리고 5년 동안 준비하여 온 뉴욕팀의 마지막 밤을 지새울 베스트 웨스턴 호텔에 여장을 풀었다.

열째 날 (2016. 8. 15. 월), 그리고 마지막 날(8. 16. 화)

◆ 시카고 국제공항 출발 그리고 인천 국제공항 도착

시카고의 아침은 우리나라의 가을 날씨처럼 약간 쌀쌀했다. 그래도 아침 산책으로 걷다가, 우리말로 된 '교차로' 간판을 보고 깜짝 놀랐다. 오늘이 8월 15일, 71주년 광복절인데, 우리 민족이 세계 어디에도 있고, 또 나름대로 한국인으로 위상을 높이고 있는 것을 보면, 역시 우리는 대단한 민족이라 생각되었다.

시카고 국제공항은 생각보다는 작았다. 우리의 시원한 가이드 '시카고 조'와의 작별을 고하고, 드디어 대한항공편 비행기에 몸을 실

었다. 미국 도착 때도 입국수속으로 어려웠는데, 출국 때도 마찬가지였다. 비행기에 탑승했다가, 이륙하기 직전 두 명의 승객이 무단하차한 비상사태가 발생하여, 모든 승객이 비행기에서 짐을 다 가지고 내려, 확인 점검이 끝날 때 까지 기다린 후, 다시 비행기에 탑승, 예정보다 두 시간이 지체된 13시 30분경(시카고 현지시간)에야 비행기가 비로소 이륙할 수 있었다.

기류의 영향으로 알래스카 위쪽 북극에 가까운 경로로 비행하여 13시간의 비행 끝에 인천공항에 착륙하니, 8월16일 오전 2시 30분(한국시간 오후 4시 30분), 입국수속을 받고 나오니 한국 시간 오후 6시, 대기 중인 전용버스에 몸을 싣고, 탄천휴게소에 와서 복달음으

로 왕갈비탕을 먹고, 익산, 전주를 지나 남원에 도착하니, 오후 10시 30분, 9박 11일 간의 꿈에서 깨어나는 순간이었다.

에필로그

9박 11일의 북미주 동부 여행으로, 북미주를 이해한다는 것은 장님이 코끼리의 코 만지는 격이 아닌가 한다. 어마어마한 대륙에 많은 인구와 다양한 인종, 막대한 자원 등, 여러 가지 면에서 다양성을 자랑하는 미국, 그 미국인들도 평생 자기가 사는 주를 떠나지 않는 사람이 평균 70%나 된다고 한다.

가이드의 말에 의하면, 우리나라 사람 중에서 미국을 제대로 이해하는 사람이 거의 없다고 한다. 전문외교관이라는 사람들도 미국을 제대로 이해하고 있는 사람이 드물다고 한다.

아예 없다고 까지 말한다.

어찌되었건 아직까지 세계를 주도하고 있는 미국을 제대로 이해하지 못한다는 것은 우리나라에 여러 면에서 마이너스 요인으로 작용할 수밖에 없을 것이다. 관심 있는 분들의 보다 많은 연구와 노력이 필요하지 않을까 한다.

여행 중에 느낀 것은 우리나라와는 달리, 고속도로 중앙 분리지역의 폭이 평균 10~20미터로 조성되어 있다는 것이다. 국토가 넓은 이유도 있겠지만, 실용성, 안전성을 고려한 듯하다. 중앙선을 침범하여 상하행선의 차들이 충돌하는 사고는 없을 것 같다. 우리나라는 땅덩이가 작아서 힘들겠지만, 가능한 지역에서라도 중앙 분리지역의 폭을 넓혔으면 좋겠다.

그리고 차창 가에 비쳐진 미국의 마을에는 묘비를 세운 묘지들이 눈에 많이 띄었다. 우리와 다른 문화적 차이를 보여주는 것 같다. 우리도 이제는 뭔가 봉분형태의 묘 문화를 개선해야 할 필요가 있지 않느냐는 생각이 들었다.

미국 백화점을 비롯하여 미국과 캐나다의 모든 물건 가게에서 뚜렷이 본 것은 가는 곳마다 중국에서 생산한 물건들이 대부분이라는 점이다. 우리나라 뿐만 아니라 북미, 나아가 세계적으로 이런 바람이 불고 있구나 하는 생각이 들었다.

며칠 되지는 않았지만, 미국과 캐나다 사이에도 뭔가 차이가 있는 것 같았다. 면적에 따른 인구밀도, 여유, 친절성, 도덕성 등에 있어서 차이가 존재하는 것 같은데, 이민 희망자들은 대체로 미국보다는 캐나다를 더 선호한다고 한다.

가이드의 말에 의하면, 미국은 자본주의의 전형이라고 한다. 철저히 수요와 공급에 입각한 가격형성이 이루어진단다. 항공료, 고속버스비, 호텔숙박비, 야구장 입장료 등에도 경제적 가치가 적용되고,

시장변동에 따른 가격형성이 이루어진단다. 미리 예약하여 구입하면 그 만큼 싸게 구입할 수 있고, 정한 기일이 가까이 올수록 그 만큼 비싸진단다. 경우에 따라서는 정가보다도 훨씬 비싸게 구입해야 하는 경우가 많다고 한다.

'오페라의 유령'의 주인공의 연기를 보면서, 옛날 대학시절 축제 때, 국어교육과 교수님의 권유로 하게 된, 카프카의 '아버지의 연설'이라는 연극이 생각났다. 운 좋게 내가 주인공이 되어 대부분의 공연시간을 혼자 연기하다시피 했다. 그걸 계기로 나도 전문 연극인이 되었으면 어떠했을까? 하는 생각도 들었다.

이번 해외연수기간동안, 양산을 겸할 수 있는 우산을 준비해 간 것이, 햇볕이 매우 따가운 한 여름철이라서 두고두고 잘 활용하였다. 그리고 이번 해외연수는 동행한 동료들과의 친선과 우정을 더욱 공고히 다지고, 서로의 공동체의식 형성에 큰 도움이 되었다

이번 해외연수 후부터, 우리 집 냉장고 옆벽에는 캐나다와 미국(시카고)을 상징하는 문장 기념품 두 개가 나란히 붙어있다. 앞으로 해외에 나갈 기회가 있을 때마다, 각 국가를 상징하는 기념품을 하나씩 준비하여, 여기에다 덧붙여 놓아야겠다.

백두산에 오르다

프롤로그

백두산으로의 출발을 며칠 앞둔 2017년 7월 27일, 전북교육연구정보원에서 정보화능력함양 직무연수를 받고 있던 1시 40분경, 딸에게 접촉사고가 났다는 전화를 받았다. 상대편 차가 불법으로 유턴하여 운전석 쪽을 스치고 지나갔다는 내용으로, 보험사와 경찰에 신고하여 현장을 조사하고 딸은 한 정형외과에 입원했다고 한다.

첫날 오후에는 딸에게 별 증상이 나타나지 않았으나, 둘째 날이 되자 머리가 아프고 역겨움을 느끼기 시작하였다. 토요일 오전에

경과를 보아 엠아르아이(MRI) 사진을 찍고자 했는데, 담당의사가 다급하지 않다는 의견을 제시하여 미루어졌다. 월요일은 출근일이라 학교에 나와 근무하고 있는데, 오후가 되자 집사람이 전화하여 정현이가 머리와 허리가 심히 아파, 담당의사 소견으로 남원의료원으로 가서 시티(CT)촬영을 하고, 의료원 개인병실에 입원하였다고 한다. 퇴근길에 들르자 밤중에는 2시간 동안 머리가 심히 아파 급히 진통제를 투여했다고 간호사가 전한다. 딸은 부모가 걱정할까봐 아픈 기색을 보이질 않으려고 노력한 것 같았다.

100% 자기 잘못으로 괜한 사람을 다치게 하여, 직장일도 개인일도 못하게 해놓고 코빼기도 보이지 않는 가해자를 생각하니, 분노를 느끼지 않을 수 없었다. 차라리 내가 다쳤으면 하는 생각이 들었다. 심히 마음이 심란하여, 그동안 기다려왔던 내일부터의 백두산 역사문화탐방도 가고 싶은 마음이 사라져 버렸다. 하지만 집사람의 적극적인 권유와 함께, 아픈 와중에서도 잘 갔다 오라면서, 찬조금을 주는 딸아이의 정성에 그만 가슴이 울컥하였다.

첫째 날

2017년 8월 2일, 화요일 아침 일찍 병원에 들러, 빠른 쾌유를 빌며, 집사람에게는 병간호를 부탁하고, 역사문화탐방을 잘 다녀오겠다고 딸아이에게 작별인사를 하고는 택시를 잡아탄 뒤 남원역으로 달려가 용산행 케이티엑스(KTX)에 몸을 실었다.

점심 무렵, 용산역에 도착하여, 간단한 쇼핑과 함께 점심을 해결하였다. 청국장, 고등어찌개, 더덕구이를 골고루 시켜 남원에서부터 동행한 다섯 명이 함께 한상에서 먹으니, 다양한 음식을 나누어 먹을 수 있어 좋았다. 동인천행 지하철 특급에 탑승, 한 시간 만에 동인천역에 도착하여 택시를 잡아타고 연안부두 국제 제1항으로 이동하였다. 인천항 대합실에 도착하여 한 시간 정도를 기다리니, 이번 문화탐방을 주관하는 김윤호 백두산문학회 회장님이 각종 탐방관련 유인물을 준비하여 와서, 직접 배부하는 성의를 보였다. 이번이 김회장님과의 대면은 처음으로, 동향 문인임을 인식하면서 정답게 인사를 나누었다.

네 시가 넘어 탑승수속을 밟고 배에 탑승하였다. 배정받은 6인실 숙소에 짐을 풀어 놓고, 같은 실에 함께 하게 된 분들과 명함을 교환하며 인사를 나누었다. 00구 문인협회지부장님, 00신문사 편집국장 내외분, 00문인협회 사무국장 내외분 그리고 나, 여섯이었다.

출항을 기다리면서 딸의 안부를 집사람에게 물으니, 정현이 직장인 남원교육지원청에서 교육장님과 담당장학사가 병문안차 방금 다녀갔다고 한다. 바쁜 일과 중에서도 딸아이를 챙겨주니 여간 고맙지 않다. 경찰서에서는 정현이의 진단서 제출을 요청하였는데, 일단 2주로 발급되었다고 한다.

오후 5시 30분이 지나자, 배가 출항하였다. 갈매기 나는 인천대교를 지나 단동을 향해 서서히 미끄러져 나갔다. 연신 휴대폰 카메라를 눌러대며 해 저무는 인천대교 주위를 찍어댔다. 6시 30분경, 선상식사를 하게 되었는데 김치두부찌개, 부침개, 나물이 주 메뉴였다. 반주 한잔 곁들이며 남원에서 함께 간 다섯 명이 한 조가 되어 단란한 식사자리가 마련되었다.

이어 2층 갑판 선상에서 시원하게 불어오는 해풍을 맞으며, 상쾌한 마음으로 동료들과 저물어가는 석양을 사진으로 담았다.

마침 김윤호 회장님이 양주 한 병을 들고 와, 한잔씩 돌려 마시며 관계를 이어나갔다. 어느덧 30여명의 이번 역사문화탐방단이 갑판 선상에 모이게 되어, 한 자리에 빙 둘러 앉아, 자기소개며, 건배사며, 노래며 하다 보니, 자연스럽게 하나가 되었다. 대부분 연세가 일흔 전후로 보이고, 몇 분은 여든이 넘게, 한두 분은 아흔이 넘게 보였다. 50대 중반에서 60대 초반인 우리 남원 팀이 가장 어려 보였다.

김윤호 회장님은 근엄한 자태와 인격이 배인 언행에서 풍겨오는 노신사다움이 엿보였다. 개인 신상을 이야기하는 선배문인들의 언행에서는 문인다운 풍모를 그대로 엿볼 수 있었다. 밤이 깊어져, 어느덧 아쉬움을 뒤로하고 숙소로 돌아와 이층 선반 침대에서 잠을 청하였다.

둘째 날

낯이 설어서 그런지, 네 시 삼십분이 되자 눈이 떠졌다. 일찌감치 세면을 하고 다른 분들의 눈치를 보니 아직 깨어나지 않을 기척인지라, 나도 그대로 누워 있었다. 6시가 돼서야 침실방 밖으로 나와, 선상에서 떠오르는 태양을 보며, 심호흡을 크게 하였다.

단동항에서는 중국국경수비대의 지침에 따라 아홉시를 훨씬 넘어 입국수속이 시작되었는데, 우리와 같은 단체비자 승객은 그중에서도 맨 뒤에 하게 되었다. 단동항의 입국수속은 흔히들 중국인의 특성인 이른바 '만만디'의 맛보기라고 한다.

수속을 마치고 나오자 가이드가 반가이 맞아준다. 이름은 임수연, 북한화교출신으로 나이는 26세란다. 전세버스 차창너머로 보이는 곳들을 설명한다. 요령성의 6번째 도시 단동은 주은래가 이름을 붙인 것으로, 붉은 동쪽이라는 뜻이란다.

황금평에 SK가 건설한 조·중 친선교가 완공은 되었는데 개통은 미정이란다. 압록강에서 가장 큰 섬 위화도는 고려말 이성계의 회군으로 유명하고, 두 번째 큰 섬인 월량도는 중국 갑부들이 많이 산단다. 수풍댐의 전기는 중국과 북한이 나누어 요긴하게 쓰며, 압록강단교는 1950년 중국의 팽록회장군이 못 넘어가도록 미국의 맥아 더 장군이 끊어 놓은 것으로, 후에 중국이 관리하여 관광객을 유치하고 외화를 벌여 들이며, 그 상당액을 북한에 임대료 명목으로 제공한단다.

우리 일행은 유서 깊은 압록강 반절거리의 단교를 둘러보며 되돌아오기까지 상념에 잠기기도 하고, 사진을 찍기도 하였다.

점심 후, 유람선으로 북한의 시골지역인 방산마을과 구리도를 30분 동안 둘러보았다. 북한군의 초소로 보이는 곳과 군인들의 모습, 한가로이 풀을 뜯고 있는 한우들, 그리고 학생으로 보이는 남자가 강 언저리에서 낚싯대를 들고 폼 잡고 있는 모습 등을 촬영하였다.

가이드에 의하면, 중국남자는 대부분 뚱보로 자기중심주의며, 머리를 빡빡 깎고 위통을 벗고 다니며, 맥주배와 땀흘리는 것을 자랑으로 여긴단다. 중국집들은 지붕이 온통 붉은 색인데 반하여, 북한집들은 지붕이 빨간색이 아닌 회색이나 갈색 등 다른 색으로 되어 있단다.

그리고 위화도는 이성계가 1388년 5월 20일 회군한 곳으로, 지금은 북한 군인가족 700여명이 살고 있단다. 압록강에는 빠가사리 매운탕과 황조개가 유명하단다. 중국과 북한의 국경선은 1962년, 주은래와 김일성의 담판으로 '조중국경조약'을 체결하고, 백두산을 45.5% 정도 중국 영토로 하는 대신, 압록강에서의 경계를 중국의 강기슭으로 정하였는데, 특이한 점은 강위에 있는 배나 건물 등이 중국 소유로 되어 있고, 대신 사용료를 북한에 상당액을 지불한단다.

요령성 단동에 있는 백작산성으로 추정되는 호산장성은 우리나라의 마이산과 비슷한 산으로, 연개소문이 외곽에 쌓은 천리장성의 하나인데, 중국은 동북공정을 주장하면서, 이를 만리장성의 시작점으로 왜곡하고, 고구려를 중국변방 부족국가의 하나로 왜곡하고 있단다.

요령성(압록강유역), 길림성(두만강유역), 흑룡강성(송화강유역)을 동북 3성이라고 하는데, 이는 고구려 광개토대왕이 확장해 놓은 3성이란다. 추모왕인 동명성왕 고주몽과 소서노가 세운 고구려의 첫 수도 만주 환인지역의 졸본성(홀본산성)은 지금은 오녀산성으로 부르는데, 대단한 위용을 자랑하는 천혜의 요새로, 주위에는 비류수

강(혼강)이 흐르고 있다. 정상에 가려면 작은 버스로 접근하여 다시 70~80도 경사의 999계단을 올라야 한다.

우리는 이 천혜의 요새, 오녀산성을 조망하고 고구려의 유물을 볼 수 있는 오녀산성박물관을 관람하였다. 삼국사기에는 흘승골성을 홀본성의 다른 이름으로 추정하고 있다.

이어 길림성의 다섯 번째 도시인 통화시로 이동하여 밤늦게 저녁 식사를 한 후 휘풍호텔에 투숙하였다.

셋째 날

5시 모닝콜, 호텔에서 조식 후, 6시반에 출발하여 먼저 시내에 있는 쇼핑센타를 방문하였다. 게르마늄 건강 목걸이와 팔찌를 파는 곳이었는데, 주위 동료들의 도움으로 팔찌 하나를 1차 딸용, 2차 아내용으로 구입하였다.

고속도로를 달리고 달려 자작나무 휴게소에 도착했다. 이 자작나무 휴게소에서 백두산까지, 그리고 백두산 주위에는 온통 자작나무 숲을 이루고 있었다. 영하 20도에서도 살아나는 나무로, 고도가 1,500미터이상 높아질수록 나무모양이 일자 모양에서 엉성한 부채꼴모양으로 벌어지는데, 이는 햇볕이 적은 고산지대에서 햇빛을 가급적 많이 받기 위해서란다. 어떻든 백두산지역에서 유일하게 제대로 자랄 수 있는 나무란다. 이 자작나무에서 차가버섯과 자일리톨 원액이 나온단다.

백두산 산문을 지나 백두산 지역 내에 있는 천사호텔 식당에서 비빔밥과 바비큐로 점심을 한 후, 1시간 반 동안 이동하였다.

버스 안에서 우리 일행은 기도들을 하였다.

"천지야! 열려라."

"천지를 볼 수 있게끔 도와주세요"

가이드에 의하면, 백두산 날씨는 도착하지 않으면 알 수 없단다. 백두산은 삼대에 걸쳐 복을 키운 사람만 볼 수 있는데, 백번 와서 두 번 볼 수 있는 산이라 해서 백두산이라고 한단다. 중국의 등소평은 세 번 와서, 모택동은 두 번 와서도 보지 못하고, 작년에 왔던 후진타오는 북백두산에 와 보지도 못하고 산문아래에서 되돌아갔단다. 그리고 통상 백두산 아래에 비가 와야, 천지를 볼 수 있는 속설이 있단다. 백두선 천지를 방문할 수 있는 최적기는 7월말에서 8월초로, 오후 1시에서 3시사이가 천지를 보기 가장 좋은데, 그것도 운이 따라야 한단다.

백두산지역은 북한과 중국이 5.5:4.5로 관리하고 있는데, 16봉 중 9봉은 북한 땅이고 7봉은 중국 땅으로, 그 중에서 백두산 정상 장군봉은 2,744미터(원산 앞 동해바다 기준으로는 2,750미터)라고 하는데, 북한이 관리하고 있단다. 천지의 수면 높이는 2,540미터로 이쯤 오면 귀가 멍멍해지는 것은 흔한 일이라고 한다. 중국에서 천지에 오를 때는 서쪽과 북쪽으로 올라갈 수 있는데, 우리가 이번에 올라온 북쪽코스는 천지부근까지 세 번의 버스를 바꿔 타고 오게 되는데, 마지막에는 봉고차로 올라와 10분 남짓 걸으면 청문봉 쪽의 천지에 다다른다고 한다.

이 북쪽에서는 시야를 길게 볼 수 있다고 한다. 서쪽코스로 올 때는 1,442계단을 걸어서 올라와야 하는데, 이 서쪽에서는 넓은 시야를 볼 수 있다고 한다. 둘 다 멋있는 곳으로, 느낌은 서로 다르다고 한다.

백두산은 역사적으로 세 번의 화산폭발로 만들어진 산으로, 1702년에 마지막 폭발이 있었고, 최근인 3, 4년 전에도 폭발예고가 있었다. 예전엔 관광객의 80%이상이 한국인이었는데, 지금은 80%이상의 관광객이 중국인이라고 한다. 천지에 괴물이 있다는 설이 있으나 확인이 불가하며, 천지에 넣은 새끼 산천어가 1미터 정도 자랐다는 이야기가 있는데, 천지의 물은 자연지하수란다.

세 시간을 이동하여 서백두산 관문인 송강하진으로 이동하여 한국식 식당으로 북한화교가 운영하는 천사호텔 식당에서 백두산 산채비빔밥과 통오리 숫불바베큐로 점심식사를 하였다.

저녁식사와 숙박도 여기서 하기로 예정되어 있다고 한다.

땅 좋고 물 좋아 갑부별장과 호텔, 온천 등이 제대로 갖추어진 하늘아래 첫 동네 백두산 휴양도시 이도백하진을 거쳐, 백두산 북파산문으로 한 시간 삼십분을 이동하여, 다시 미니버스와 봉고차를 번갈아 이용하여 천문봉으로 향했다.

구불거리는 좁은 비탈길을 빠른 속도로 질주하는 봉고버스에 조금은 겁이 나기도 하였다. 방책이 낮게나마 설치되어 있으나 급경사에다 커브가 심하여 아차하면 떨어져 죽을 수도 있겠구나 하는

생각이 들었다.

예전 90년대 무렵에는 길이 좁고 비포장도로에 울퉁불퉁 패인 곳이 많았고, 벼랑에 대비하는 방책도 없었으며, 창문이 열려있는 군용 짚차로 운전이 미숙한 고산지대 만주족들이 운행을 하여, 많은 생명을 잃었다고 한다.

백두산 정상 한 가운데에 있는 수심 317.7미터의 천지와 우리 민족의 성지 백두산을 남의 땅을 통해서 올라가야 하고, 백두산과 천지 한복판에 선을 그어서 북한과 중국의 국경선으로 하고 있는 아픔과 슬픔을 진하게 느끼며, 천지 주차장에 도착하였다.

봉고차에서 내리니, 해발 2,000미터 정도에서부터 저만큼 먹구름 한 무더기가 보인다. 그리고 이내 천지 앞을 안개들이 감아 버린다. 바람이 숨이 막힐 만큼 세차게 불고 있어 꼭 한겨울 눈보라 몰아치는 그런 날씨다.

직감적으로 오늘 천지를 제대로 볼 수 없겠구나 하는 생각이 머리를 스친다.

일단, 우리 일행은 한 곳에 모여 사진촬영을 하고 몇 가지 유의사항을 들었다. 모자를 꼭 써서 단체에서 이탈되지 않도록 할 것과 단체행동을 꼭 할 것을 당부 받았다.

이곳은 국제관광지에다가 동북공정관계로 공안을 물론 군인까지 주둔하고 있단다.

천지에 오르니 초겨울의 날씨에다 살을 에이는 찬바람이 몰아쳐와서 제대로 서있기 조차 힘들었지만, 어떻든 삼삼오오 모여 사진촬영을 해대고, 천지의 정기를 마시며, 나름대로의 의미를 부여하면서 천지의 기운을 심신에 담으려고 최선을 다했다. 북파 쪽의 A코스와 B코스를 이동하며, 북파 쪽 천지를 다 가보았다.

아예, 산문이나 주차장부터 통제하여 천지까지도 못 오를 수 있는데, 그래도 천지까지는 와보았다는 점에 위안을 삼고, 천지의 푸른 물을 제대로 볼 수 없는 날씨에, 미련과 아쉬움을 떨쳐버리고, 다시 오라는 신호로 긍정적으로 생각하기로 마음먹었다.

천지에서의 마지막 2% 부족함을 명백히 의식하면서, "아! 이 백두산이 나를 다시 한 번 오라는 거구나"하는 생각이 들었다.

다음에는 비행기로 와서 북파와 서파를 연이어 올라서 백두산 봉

우리들과 천지를 마음껏 구경하여야겠다. 그리고 언젠가 훗날에는 북한쪽 땅을 밟아 남쪽, 동쪽으로도 꼭 올라가야겠다.

산문으로 다시 내려와 장백폭포로 향했다.

천지의 물이 1,200미터를 흘러내려 장엄한 장백폭포 아래로 떨어져 60킬로미터를 흘러 송화강, 아무르강으로 흘러들어간다고 한다. 동료와 사진을 찍으며 돌아오다가 유황온천으로 유명한 온천지대를 조망하면서 달걀 익는 모습을 보기도 하고, 온천물에 손을 담가보기도 했다.

한 시간 삼십분을 다시 이동하여 점심을 먹었던 천사호텔과 식당이 있는 천마계곡으로 내려와 천마폭포를 바라보며, 천지에서 흘러내린 물을 만져보기도 하였다. 이어 오후 9시경 천마계곡이 있는 호텔식당에서 한국식으로 즐기는 통돼지 바비큐로 늦은 저녁식사를 하며, 김윤호 회장이 제공한 중국 주류와 동료들이 가져온 소주들을 내놓고 대화하면서, 만찬다운 만찬을 하였다.

열한시경, 숙소로 들어오자 열려진 창문으로 백두산의 정기를 어렴풋이 느낄 수 있었으나, 눕자마자 피곤하여 이내 곯아 떨어졌다.

넷째 날

다음날 새벽녘 자작나무에 빗방울 떨어지는 소리를 들으며 눈을 떴다.

"타다다닥, 타닥타닥, 타다다닥, 타닥타닥"

아 이곳이 바로 백두산 영내였구나!

내가 이 백두산지역에서 하룻밤을 지냈구나!

여느 아침과는 다른 상쾌함이랄까, 쾌적함이랄까, 행복감이랄까, 뭔가 느낌이 달랐다.

자작나무에 빗방울 떨어지는 소리를 들으며, 새벽 네 시에 깼다가 화장실에 잠시 들른 뒤, 다시 자작나무에 떨어지는 빗소리를 들으며 잠들었다가 다시 다섯 시 문을 두드리는 모닝콜에 잠을 깨었다.

여전히 자작나무 잎에 떨어지는 빗소리가 타닥타닥 타닥타닥 들려오는데, 느낌이 매우 정답다.

"타닥타닥, 타닥타닥, 타닥타닥, 타닥타닥"

들숨과 날숨, 호흡에 맞추어 자연과 호흡이 일치되어간다. 고요함과 평온함, 편안함과 행복감이 함께 밀려온다.

백두산의 신선한 공기를 흠뻑 마시며 천지에서 흘러내린 찬물로 얼굴을 씻고 잠시 "타닥타닥, 타닥타닥, 타닥타닥, 타닥타닥" 소리에 맞추어 다시 단전호흡과 명상을 하며 흐트러진 몸과 마음을 고르고 가지런히 했더니, 심신이 아주 쾌적했다.

백두산 산자락 울창한 숲속의 새벽 공기는 참으로 신선했고, 백두산 천지에서 흘러내린 물은 참으로 시원했다. 이곳에서 더도 말고, 덜도 말고 일 년만 살면 신비한 백두산의 정기를 듬뿍 받아서 정말 신선이라도 될 것 같았다.

전세버스에서는 김윤호 회장의 "백두산 천지에 올라"의 시 낭독에 이어, 인터넷신문을 경영하는 강동호 선생의 "환인시대는 우리 1만년 역사"라는 주제로 강의가 있었다.

"세상사는 타이밍이다"가 부주제였는데, 백두산지역을 떠나면서 이 넓은 사방의 광활한 대륙 영토를 포함하여 옛 고구려의 영광을 되찾기를 간절히 바랐다.

가이드에 따르면, 북한식당에서 점심식사를 하면 24,000원으로, 춤과 노래가 곁들여지는데, 요즘은 정세가 어수선해서인지 뜸하단다.

물론 관광옵션이란다.

대신 가이드의 꼬드김으로 통화시에서 마사지 잘하는 곳을 예약받는데, 전신경혈마사지 1시간 반에 초특가로 36,000원에 해준단다. 37명중 30명이 신청하였다.

들쭉술은 40도로 백두산지역의 들쭉으로 만든 북한 술이란다. 김정일 위원장이 김대중 대통령에게 대접한 술로 들쭉이라는 야생블루베리로 제조한단다.

가이드가 단동을 통하여 북한에서 가져왔는데, 최상급으로서 10만원 상당인데, 우리에게는 특가로 3만원에 준단다. 나는 시음용과 선물용으로 두병 구입하였다.

통화시는 작년에 백두산간 고속도로가 완전 개통되었는데, 동북3성의 길이요, 통로로 되어 있다. 차창너머는 이름 모를 꽃(이모화)들이 보이고, 벌판에는 내내 논이나 벼는 보이지 않고 온통 옥수수밭이다.

저 많은 옥수수를 어디에다 다 쓸까?

우스갯소리로 중국에는 운전대학으로 3개 대학, 즉 빵빵대, 유턴대, 들이대가 있단다. 그리고 운전자격증을 취득하려면 4차 시험을 통과해야 하는데. 1차는 선다형 필기시험으로 100문제, 2차는 ㄴ자와 주차 등 실기시험, 3차는 1년의 실습기간, 4차는 50문제의 다선답지형 필기시험이 그것이란다. 우리나라보다는 다소 엄격한 것 같다.

통화시로 이동하여 이틀 전에 식사했던 '메아리'라는 음식점에서 점심을 먹고, 광개토대왕 유적을 보기 위해 다시 2시간 동안 국내성

(졸본성)을 향해 가다가, 터널공사 지점과 교통사고 지점을 만나 두 차례나 한참을 지체하였다. 여기서도 만만디라는 용어가 통용된다 하겠다.

길림성 집안현에 있는 국내성은 여름에는 38도 이상 기온이 오르는 대표적인 분지로, 바로 압록강을 건너면 만포시이며. 특산물은 장뇌삼이라고 한다.

오후 네 시가 다되어서야 광개토왕비에 도착하자 중국공안이 지키고 있었다.

광개토대왕 비석은 방탄유리관 비각을 둘러놓았으며, 내부에서는 사진촬영이 불가하게 되어있었다. 414년 장수왕이 세웠다고 하는데, 1899년 청의 한 농부가 텃밭에서 '왕'자를 보고 발견하였다고 한다. 3층 높이 39톤의 무게로 이끼에 불을 지펴 글자를 보았는데, 불을 지필 때에 빠개짐 현상이 있었다고 한다.

원래는 1,775글자가 새겨졌었는데, 이중 1,111글자는 지워져 판독이 불가능하다고 했다.

또한 121글자는 금을 때우느라 지워졌다고 한다.

석회암가루를 칠하자 드러난 비문은 1, 2면은 고주몽과 유리왕의 건국사, 3, 4면은 광개토대왕 영토 확장업적을 새겨놓았는데, 3면에 "국강상…평안호태왕"이 기록되어 있다

이곳 비석은 우리 가이드가 우리에게 설명을 못하게 하고, 자기네 가이드는 중국인들에게 설명을 하게 해주었다.

참 기분이 묘하고 야릇했다. 하기야 과거보다 현재가 중요하다,

역사는 더욱 그렇다. 중국 것이라는 이야기다. 만만디 것이라는 거다.

중국 당국은 한국인관광객들에게는 비가 세워진 내력이나 비문조차도 설명하지 못하도록 막고 있는 것이다. 중국관광객에게만 설명하도록 하여 우리 역사를 자기들의 역사로 둔갑시키려고 수작을 부리고 있는 것이다.

물론 동북공정의 한 방편이다.

광개토대왕비 앞에서 중국의 또 다른 침략을 본 것 같아 기분이 영 좋지 않았다.

광개토대왕릉으로 가는 길에는 우산나무가 인상적이었다. 아마 우산모양으로 생겼다하여 붙여진 이름인 것 같았다. 광개토대왕릉으로 추정되는 곳은 안타깝게도 상단부분만 볼 수 있었다. 능과 능비를 보고 나오는 길에 호태왕비석 전체 내용이 궁금하여 비석 복사물을 구입하였다.

다시 버스로 5분 거리에 있는 장수왕릉에 도착하였다. 동방의 피라밋이라고 불리우는 7층 사각형 무덤이다. 끝이 기울어 묘실 안에는 들어갈 수 없으며, 묘실은 5층 안에 있다고 한다. 소위 "둘레쌓기 건법"으로 지은 것으로, 뒷면에 아들 혹은 첩 추정의 고인돌이 원래는 네 개있었는데 지금은 한 개만 남아 있다. 장수왕은 98세까지 장수하여 살았으며 재위기간만 79년 2개월이다.

너무 늦지 않게 5시경이 되어 통화시를 향해 출발하였다. 통화로 돌아오는 첫 길목에 국가삼림공원으로 지정된 다섯 개의 봉우리인 오녀봉을 멀리서 조망할 수 있었다.

버스 안에서는 김윤호 회장님이 자작시 "천지에 올라"를 우렁찬 목소리로 낭독하였다. 00일보 편집국장을 역임한 김재명 박사는 중동지역 내 특파원과 취재기자로도 활동하였는데, 이번 우리 역사문화탐방에 동참하였다.

서울을 출발하여 예루살렘 직항노선으로 가서, 이스라엘에는 들어간 흔적을 남기지 말고, 곧바로 육로로 이집트 카이로, 팔레스타인지구, 요르단 암만과 페트라를 거쳐 이란 테헤란으로 가는데, 왕복 비행기로 1주일이나 열흘 혹은 보름 정도 구경하면 좋을 것이라고 하였다. 그리고 다시 육로로 예루살렘으로 와서 서울로 직항타고 오면 중동지역의 좋은 여행이 될 것이라고 하였다. 이곳들은 사람이 사는 곳으로 생각되며, 물가도 싸다고 하였다.

버스 안에서는 임실 성수가 고향인 태종호 고문의 통일교육에 관한 강의도 있었다.

통화로 이동하여 낮에 가이드가 예약한 전신마사지를 하게 되었다. 3, 4명씩 한조가 되어 경혈마사지를 받고나니 온몸이 개운하였다.

저녁은 현지식으로 '금화식당'에서 하게 되었는데, 느끼해서 먹기가 거북했다. 주위 좌석에서 전남 순천지역 초등학교 학생들이 역사문화탐방 차 와서 저녁을 먹고 있었다. 학생들은 현지식이 느끼해서인지, 하나같이 식사를 하지 않고 앉아 있다 나갔다가, 교사들의 제지로 다시 들어와 앉아있었다.

석식 후 순풍호텔에 투숙하였다. 통화시의 철도역 앞이라 간혹 열차에서 나는 소음이 크게 들렸다. 최근에 지었는지 비교적 현대식인데, 객실 크기는 작아보였다.

잠자리에 눕자 문득 정현이가 걱정이 되었다.

'지금쯤이면 정현이는 많이 나아지고 있겠지. 그나마 사고가 그정도 인 것을 다행으로 생각하고 액땜했다고 생각해야지, 이번 일을 계기로 더욱 안전운전하고 조심해야 한다고 마음먹으면, 정현이에게는 더 좋은 결과를 낳지 않을까'하는 생각이 든다.

다섯째 날 그리고 마지막 날

호텔 조식은 어제 밤 현지식보다 훨씬 입맛에 맞았다. 조식 후, 길림성 통화시에서 대나무로 만든 죽선류를 취급하는 쇼핑센터에서 정현이 머리 수건과 행주를 구입하고, 요령성으로 넘어와 단동으로 이동 3시간 30분 만에 여행 첫날 점심을 먹었던 식당에서 압록강 빠가사리 민물참게 매운탕으로 점심식사를 하였다.

중식 후 6.25전쟁의 상흔이 짙게 배어있는 아픔의 현장 압록강 단교에 탐방 첫날에 이어, 다시 하차하여 단체사진을 찍었다. 2시 30분경에는 단동 동항으로 이동하여 터미널 도착 후 출국수속 및 승선절차를 밟았다.

오후 6시, 단동출발 반주를 곁들인 석식 후 자유 시간, 다시 37명의 단원들이 선창에 빙 둘러앉아 시간가는 줄 모르고 이야기며, 노래를 해대며, 단동 페리호 선상에서의 마지막 여흥을 즐겼다. 늦은 밤이 되어서 첫날 묶었던 이코노미 6인실 254호실에 들어가 2층 침대에서 잠에 빠졌다.

마지막 여섯째 날 아침 6시 기상, 7시 선내조식 후, 하선 준비를 하고, 9시 인천항에 도착 후, 입국절차를 밟고 해산하여, 지하철, 케이티엑스, 택시를 타고 집에 도착하니 오후 다섯 시가 다되었다.

도착하자마자 짐을 정리하고 곧바로 의료원으로 달려가 딸과 아내와 6일 만에 상봉하였다. 정현이는 아직도 저녁에는 머리가 아프다고 하면서 진통제를 맞고 있었으나, 일주일 전보다 많이 나아 있었다. 이내 곧 퇴원할 눈치이다.

며칠 동안 수리한 자동차를 찾아 점검하고 다시 보완하여 놓으니, 드디어 퇴원해도 좋다는 의사의 소견이 내려졌다.

백두산이여! 천지여!

눈부신 햇살 내리비치는 백두산 기슭,
오른다, 오른다, 내가 오른다,
길가의 이름 모를 야생화들이 시야에 들어온다.
숲속의 이름 모를 새들의 노랫소리가 귓속으로 들어온다.
초가을 바람처럼 상큼한 바람이 가슴으로 들어온다.
자작나무 나뭇잎사이의 햇살들이 마음으로 들어온다.
백두산의 자연이 오감으로 들어온다.

그토록 보고자 염원했던 천지여!

열려라, 열려라, 잠시라도 열려라.
보인다. 보인다. 바위가 보인다.
어슴푸레 어슴푸레 천지가 보인다.
오늘은 다 보여주기 싫은지 안개 옷을 입는다.
다신 들 못 오겠느냐, 천리만리인들 못 오겠느냐.
북파로, 서파로… 남파로, 동파로…

- 에필로그 -

이번 여행에서 몇 분의 문인선배, 동료들과 인연을 돈독히 하게 되어 기쁘다. 먼저 김윤호 백두산 문학회 회장님이다. 풍모와 자태에서 인격이 묻어나오는 김윤호 회장님은 "사람은 3가지 사이 간에서 산다. 시간, 공간, 인간 속에서 산다."고 설파하였다. 김영월 도봉구문학회 지부장님은 수필가 겸 시인으로 17권의 저서를 발간하였고, 노원 예술협회 부지부장이며, 한국수필가협회 감사이다. 이번 여행에서 '아득한 별하나'라는 제목의 시를 낭송하였다.

동국대 철학과 정종 박사는 두 가지 말씀을 남겼다. 첫째, 이렇게 살지 알았으면, 제2의 인생계획을 세울 것을, 둘째, 모든 순간을 최후로 알고 최선을 다하며 살 것을, 하는 어록을 남겼다.

통일문제연구에 일생을 바친 태종호 통일교육원 교수는 '백두산의 기도'를 낭송하고, 건강의 중요성 설파하였으며, 타골의 말을 인용하여 우리나라는 동방의 등불이 되리라고 다짐하였다.

이외에도 여러 선배 문인들의 지혜와 경험들을 들을 수 있어 매우 유익하였다.

그리고 남원에서 동행한 다섯 명의 우리 팀은 시종일관 다정하고 화기애애하게 협력하며 행복한 여정을 마쳤다.

비록 천지는 제대로 보지 못했지만, 5박 6일 동안 한 여름인데도 좋은 날씨로 여행하기에는 아주 좋았다. 동북삼성이 전체적으로 폭우가 내려 홍수상태 가까이 갔었는데, 우리의 백두산 탐방기간에는 백두산 부근에만 별로 비가 내리지 않았다고 한다.

그렇지만, 이 여정 동안 백두산을 중국을 거쳐 가야 하는 현실에 안타까움과 서러움이 몰려왔다. 그리고 고구려와 발해의 만주지역에 대한 향수가 물밀 듯이 밀려왔다.

다음 여행은 1, 2년 내에 비행기로 가서 서파와 북파를 연이어 방문해야겠다. 그리고 언젠가는 북한지역을 통하여 백두산에, 그리고 천지에 가야겠다.

행복을 향한 끝없는 물음

최정주(소설가)

김두성 작가의 두 번째 수필집 '행복은 이미 당신입니다'를 읽었다.

첫 번째 수필집 '나의 작은 행복'이후 여섯 해 만이다.

화두는 여전히 행복이다.

고등학교시절에 참 많은 행복론을 읽었다. 당시 세상에 나와 있던 행복론이라는 책은 거즌 섭렵했던 것 같다. 그래도 행복은 보이지 않았다.

누군가가 누군가에게 묻는다.

"당신은 행복한가요?"

누군가가 망설이다 대답한다.

"행복합니다. 아니 행복하지 않습니다."

따지고 보면 '행복하다'와 '행복하지 않다' 사이에는 경계선이 없다. 누군가에게는 행복이 누군가에게는 행복이 아닐 수도 있다.

실상 행복은 존재하지 않는 것인지도 모른다.

손으로 만질 수도 없고, 눈으로 볼 수도 없다.

'아, 이것이 행복이구나'하고 쉽게 단정을 내릴 수 있는 것도 아니다. 행복은 추상적이며, 개인적인 관점으로만 판단할 수 있다. 한 송이의 같은 꽃을 놓고도 누군가는 '아름답다'고 말하고, 누군가는 '아름답지 않다'고 말한다.

고등학교시절 읽었던 행복론에서 행복이 보이지 않았던 것도 그 때문일 것이다.

그런데 김두성작가의 행복론을 읽다보면 행복이 보인다.

실상 행복은 수많은 철학자들이 설파해 놓은 행복론에 있었던 것이 아니라, 자기 안에 있었기 때문이었다.

김두성작가는 이번에도 행복을 찾아가는 길을 안내하고 있다.

그것은 참 나를 찾아가는 길이었다.

1. 긍정의 길을 찾는 보행명상

김두성작가에게 있어 행복을 찾아가는 길은 참나眞我를 찾아가는 길이다.

그것은 긍정에서부터 비롯된다.

> 솔바람길은 4계절 모두가 아름다운 길이다.
>
> 봄에는 연하고 푸릇푸릇한 신록들이 추운 겨울을 이겨낸 기상을 자

랑이라도 하듯이 뽐을 낸다. 봄 산이 거느린 산벚꽃과 샛노란 개나리가 발걸음을 멈추게 하고 봄바람에 솔향기 은은히 풍겨와 상쾌함을 더해 준다.

여름에는 녹음이 우거지고 바람이 종종 불어와 뜨거운 햇빛과 습기를 막아주니, 시원함에 쾌적함이 그만이다. 봄에 나왔던 상사화 잎들이 말라가는 대신, 연분홍색의 꽃들이 피어난다. 잎이 있을 때는 꽃이 없고, 꽃이 필 때는 잎이 없어, 잎과 꽃이 서로를 그리워한다 하여 상사화相思花라고 한단다.

-'솔바람길에서' 부분인용

김두성작가는 산행을 즐긴다. 정상에 오르기 위한 산행이 아니라 산이 거기에 있으니까 찾아가는 산행이다. 건강을 위해서, 혹은 행복해지기 위해서 찾아가는 산행이 아니라, 찾아가니까 건강해지고, 찾아가니까 행복해지는 산행이다. 그 산행에서 김두성작가는 끊임없는 교감을 한다. 산의 나무 한 그루, 산의 풀 한포기, 산의 꽃 한 송이들과 대화를 한다.

산과의 교감 역시 김두성작가에게는 참나를 찾아가는 또 다른 길이다.

그것은 또한 명상의 길이기도 하다.

이 호흡명상 수련 이후 예전보다 신체적으로 건강해지고, 마음이 훨씬 여유로워지고 느긋해지면서, 자신감과 에너지가 점점 배양되고 있음을 느낄 수 있다.

들숨이 횡격막을 지나 단전 아래로 들어오는 느낌을 관전한다.
"하나 두울 세엣 네엣"
"하나 두울 세엣 네엣"
날숨이 나가는 느낌을 알아차린다.
"모른다 모른다 괜찮다 괜찮다"
들숨이 들어오는 느낌을 관전한다.
"고요하다 고요하다 편안하다 편안하다"
날숨이 나가는 느낌을 알아차린다.
"따악좋다 따악좋다 행복하다 행복하다"

-'보행명상'에서 부분인용

"모른다. 괜찮다. 고요하다. 편안하다. 따악좋다. 행복하다."

긍정의 극치를 마주하고 있는 느낌이다.

김두성작가에게 있어 명상은 긍정으로 가는 길이고, 그 길의 끝에는 행복이라는 달콤한 열매가 기다리고 있다.

그렇다고 김두성작가의 명상이 꼭 긍정의 길로 가기 위한, 혹은 행복해지기 위한 것은 아니다. 참 나를 찾겠다고 시작한 명상이 아니다. 명상을 하다보니까, 긍정의 길을 찾게 되었고, 긍정의 길을 찾아놓고 보니까, 가까이 다가와 있는 행복의 실체를 보게 된 것일 뿐이다.

김두성작가의 행복론을 읽다보면 어느새 가까이 와 있는 행복의 실체와 만나게 된다.

2. 행복의 실체, 혹은 참 나를 찾아가는 길

김두성작가에게 가장 큰 삶의 화두는 참 나를 찾는 작업이다.

구태여 소크라테스의 '너 자신을 알라'라는 어록에 매달릴 필요도 없이 사람에게 있어 행복과 불행은 자기 자신을 아는데서 부터 비롯된다고 볼 수 있을 것이다.

나는 어떤 사람인가?'라는 질문에 답할 수 있어야만 '나는 지금 행복하구나.'랄지 혹은 '나는 지금 불행하구나.'라고 대답할 수 있을 것이다.

> 일반적으로 건전한 쪽은 현재이고, 불건전한 쪽은 과거와 미래랍니다.
>
> 우리 마음을 지배하는 것은 생각입니다. 일반적으로는 안 좋은 일이 떠오르는 힘이 더 강하답니다. 그래서 과거를 생각하면 대부분 안 좋은 일이 떠오릅니다. 따라서 과거는 불건전한 대상으로 볼 수 있습니다. 과거에 시간을 쓰다보면 현재를 낭비하는 셈이 됩니다. 추억은 필요할 때 잠깐만 하면 됩니다.
>
> 미래를 고민하는 것도 역시 현재를 낭비하는 것이 된답니다. 걱정되고 불안한 미래가, 기대하는 미래보다 많기 때문입니다. 자기가 바라는 미래는 이미 현실로 이루어졌다고 생각해야 합니다.
>
> -'뭘하다 갈 것인가?' 부분인용

"모든 것은 자기 안에 다 있습니다. 결국, 모든 적도 자기 안에 있습니다. 모든 보물도 자기 안에 있습니다."

"자기 안의 적을 물리치고, 자기 안의 보물을 확보하는 것, 이것이 바로 의미 있는 인생, 자아실현이라 할 수 있습니다."

-'뭘하다 갈 것인가?' 부분인용

김두성작가는 현재의 나만이 참나라고 얘기하고 있다.

내가 행복한가? 아니면 불행한가? 의 물음은 현재의 나에게만 해당된다고 말하고 있다. 과거의 행복, 혹은 불행에 매달려 있으면 현재의 내 행복에는 방해만 될 뿐이라는 것이다.

'과거에는 내가 참 행복했었지'라는 회고는 흘러간 추억일 뿐, 현재의 삶에는, 더더구나 행복한 삶에는 아무런 도움이 되지 않는다. 현재만이 중요할 뿐이다.

미래를 걱정하는 삶 역시 마찬가지이다.

현재를 소중하게 여기고 성실하게 살다보면 미래의 삶은 저절로 행복해 질 수 있다. 과거의 삶이 빛날 수 있는 것도, 미래의 풍요로운 삶을 예약하는 것도 모두 현재의 삶에서 이루어진다.

현재의 내가 참 나인 것이다.

현재의 내 삶이 참 삶인 것이다.

3. 행복은 이미 당신, 혹은 세 잎 클로버에 대한 명상

김두성 작가의 행복론은 거창하지 않다.

어렵지도 않다.

누구나 살아가면서 느끼는, 혹은 보고 듣는 소소한 것들 속에서 행복이라는 화두를 찾아내고 있다.

먼저, 감사하면서 살아가야 합니다.

오늘 감사한 것 한번 말해보라고 하면, 별로 감사할 게 없다고 하는 분들이 있는데요, 잔디밭에 있는 클로버를 보면, 행운을 상징하는 네 잎 클로버는 찾기가 어렵죠. 어쩌다 찾을 수가 있죠. 그러면 세 잎 클로버는 어떻습니까? 아주 많지요? 세 잎 클로버는 행복을 의미한다고 합니다.

사실 행복은 잔디밭 세 잎 클로버만큼이나 많다고 봅니다.

앉아 있는 것, 눈뜨고 있는 것, 숨 쉬고 있는 것, 사지가 멀쩡한 것, 몸 성한 것, 이런 것도 모두 감사할 게 아닙니까?

이렇게 찾다보면 행복할 게 부지기수입니다.

－'뭘하다 갈 것인가?' 부분인용

어쩌면 사람의 불행은 행복이 아니라 행운을 꿈꾸는 삶에서 비롯되었는지도 모른다. 행복은 자기 자신이 끊임없이 노력함으로 얻어지는 것이라면 행운은 신이 되었건 인간이 되었건 타인의 도움 없이는 가질 수 없는 것이기 때문이다.

먼저, '열심히 노력해서 실력을 쌓으라'. 행복은 결코 감정적인 즐거움만이 아니다. 또한 '진지하게 놀아서 경험을 쌓으라', 경험이 소유보다 중요하다. 우리 인생의 대부분의 주제는 소유가 아니라 경험이다. 그리고 '사람을 진심으로 대해서 덕을 쌓으라'고 말한다.

"행복은 '무엇'의 문제가 아니라, '어떻게'의 문제이다."

"행복은 목표가 아니라 연습(습관)이다"

"행복은 인생의 기초체력이다"

행복에 이르는 길은 지속적으로 실천하는 것이 중요하다, 생각과 주파수를 행복(바른 마음가짐, 목표와 일, 좋은 관계 등)에 맞춰라.

행복도 전염된다.

리더가 행복해야 조직원이 행복하다.

교장이 행복해야 선생님들이 행복하다.

선생님들이 행복해야 학생들이 행복하다.

-'행복은 이미 당신입니다' 부분인용

김두성의 행복론은 복잡하지 않다.

참으로 단순하고 명쾌하다.

사람들이 발견하지 못할 뿐, 행복은 곳곳에 널려있다고 주장한다. 잔디밭의 세잎클로버 만큼 많다고 한다.

긍정의 마음으로 참 나를 찾는 여행을 계속하다 보면, 과거의 추억이나 미래에 대한 걱정으로 나를 허비할 것이 아니라 현재의 삶에서 네잎클로버가 아니라 세잎클로버에 감사하는 삶을 살다보면 그것이 행복이라고 김두성 작가는 말하고 있다.

행복은 멀리 있는 것이 아니라 가까이에 있다.

그것을 깨닫는 순간 당신은 이미 행복의 주인인 것이다.

김두성 수필집

행복은 이미 당신입니다

인쇄 2017년 11월 06일
발행 2017년 11월 11일

지은이 김두성
발행인 서정환
펴낸곳 수필과비평사
주소 서울시 종로구 삼일대로 32길 36(익선동 30-6 운현신화타워 빌딩) 301호
전화 (02) 3675-5633, (063) 275-4000 · 0484
팩스 (063) 274-3131
이메일 sina321@hanmail.net essay321@hanmail.net
출판등록 제300-2013-133호
인쇄 · 제본 신아출판사

ISBN 979-11-5933-129-9 03810
값 13,000원

이 도서의 국립중앙도서관 출판시도서목록(CIP)은 서지정보유통지원시스템 홈페이지(http://seoji.nl.go.kr)와 국가자료공동목록시스템(http://www.nl.go.kr/kolisnet)에서 이용하실 수 있습니다.(CIP제어번호:CIP2017029101)

Printed in KOREA